「お客様が応援したくなる飲食店」になる7つのステップ

餐饮营销4
打造顾客支持型餐饮店
7步骤

［日］久保正英 著

刘海燕 译

人民东方出版传媒
People's Oriental Publishing & Media
东方出版社
The Oriental Press

图字：01-2019-5390 号

"*OKYAKUSAMA GA OUEN SHITAKUNARU INSHOKUTEN*" *NI NARU 7TSU NO STEP*
by Masahide Kubo
Copyright © Masahide Kubo 2015
All rights reserved.
Original Japanese edition published by Dobunkan Shuppan Co., Ltd.
This Simplified Chinese language edition published by arrangement with
Dobunkan Shuppan Co., Ltd., Tokyo in care of Tuttle-Mori Agency, Inc., Tokyo
through Hanhe International (HK) Co., Ltd.

中文简体字版专有权属东方出版社

图书在版编目（CIP）数据

餐饮营销 . 4，打造顾客支持型餐饮店 7 步骤／（日）久保正英 著；刘海燕 译 . —北京：东方出版社，2019.11
（服务的细节；093）
ISBN 978-7-5207-1262-0

Ⅰ.①餐… Ⅱ.①久… ②刘… Ⅲ.①饮食业—市场营销学 Ⅳ.①F719.3

中国版本图书馆 CIP 数据核字（2019）第 243253 号

服务的细节 093：餐饮营销 4：打造顾客支持型餐饮店 7 步骤
（FUWU DE XIJIE 093：CANYIN YINGXIAO 4：DAZAO GUKEZHICHIXING CANYINDIAN 7 BUZHOU）

作　　者：[日] 久保正英
译　　者：刘海燕
责任编辑：崔雁行　高琛倩
出　　版：东方出版社
发　　行：人民东方出版传媒有限公司
地　　址：北京市朝阳区西坝河北里 51 号
邮　　编：100028
印　　刷：北京文昌阁彩色印刷有限责任公司
版　　次：2019 年 12 月第 1 版
印　　次：2019 年 12 月第 1 次印刷
开　　本：880 毫米×1230 毫米　1/32
印　　张：5.75
字　　数：105 千字
书　　号：ISBN 978-7-5207-1262-0
定　　价：68.00 元
发行电话：(010) 85924663　85924644　85924641

序　言

　　如今回想起来，从孩童时代起我就与食品、餐饮行业渊源颇深。

　　曾就职于丰田汽车的父亲，在我三岁那年撒手人寰，舅舅和姨妈们一直对我颇为关照。单凭母亲一己之力抚养我和弟弟，生活时常捉襟见肘。我被寄养在儿童福利院期间，舅舅和姨妈们经常抽空过来看我，对我疼爱有加。

　　在儿童福利院度过的高中期间，我学过如何制作集体餐。就是营养师在综合衡量食材价格的基础上制定出菜单，然后根据该菜单烹饪上百人份的那种餐食。我当时对这项工作兴趣浓厚，常主动要求帮忙，还会在一旁偷偷观察制作过程。

　　母亲的兄弟姊妹七人皆是从事餐饮及食品行业的。母亲在大阪某地开过咖啡店和小吃店，舅舅和姨妈们也都在长野、大阪等地经营过居酒屋和寿司店。姨夫也是大型食品加工厂的董事。

　　总之，我的亲戚们均与食品、餐饮业有着不解之缘。后来我也理所当然地在亲戚开的居酒屋和寿司店打工，大学毕业后又毫不犹豫地投身到了自己所熟悉的饮食行业。

目前我在栽培、销售农作物"有机蔬菜春菊"的同时，担任一般社团法人环保食品健康研究协会代理理事（该协会由252家中小餐饮店和食品经营单位组成），并常以环保·健康为主题，向会员企业讲授市场营销等相关知识。我还以"农业/餐饮/食品市场营销实践援助顾问"的身份，面向非会员顾客传授在这些实践活动中所掌握的经验技巧。总之，我珍惜每一次休假，也一直快乐地工作着。

从孩童时代至今约四十年，我见证了食品以及餐饮行业从业者的种种盛衰沉浮。"当年宾客盈门，如今门可罗雀"，"前不久店主明明还看起来百无聊赖，今日店内却座无虚席"，"之前车水马龙的街道，如今店铺都不见了踪影，门巷萧条"。真是几家欢喜几家愁。

我发现那些宾客盈门的食品店及餐饮店蕴藏着一种巨大的力量，是那些门可罗雀的店铺所不具有的，一种"支持"的力量。

说起盛衰沉浮，我印象最深的就是在自己四五岁时，母亲坐在自家经营的小吃店的客座席上，在我和弟弟面前抽泣流泪的情景。那个场景至今仍不时浮现在我脑海里。

我问过母亲当年那件事，母亲告诉我，"当年第一次开店失败了，欠了很多钱，真是一段悲惨的日子"。"可那也是我人生中最快乐的日子。"母亲后来又这样跟我说道。我依稀记得当时对母亲说了一句"我要帮助妈妈"。

如今的我更深刻地理解了这句话所蕴含的意义。看到全力以赴的母亲，我产生了一种发自内心的冲动："我要帮助正在烦恼的妈妈!"

母亲后来告诉我，我的那句"我要帮助妈妈"成了她振作起来的动力。"支持"就是有着如此巨大的神奇力量。

通过本书，我希望能让大家看到"支持"蕴藏着的伟大能量，如果它还能帮您树立"要打造一家顾客鼎力支持的餐饮店"的目标，并让哪怕只是家很小的餐饮店也能做到长久立足于当地的话，将是我最大的荣幸。

久保正英

contents **目 录**

第 1 章

东日本大地震显示出的
日本人在支持心理驱动下的消费特征

1. 受灾地餐饮店风生水起与举步维艰的两极化现象 ····· 003

2. 支持心理驱动顾客来店光顾与消费 ················· 006

3. 支持心理驱动下，灾区临时餐饮店的两极化
消费现状 ···················· 009

4. 餐饮店——用饮食为所有人提供一个充满
幸福感的空间 ···················· 013

第 2 章

成长型餐饮店必定是备受顾客支持的餐饮店

1. 客流量少的餐饮店特征 ···················· 017

2. 人均消费低的餐饮店特征 ···················· 020

3. 光顾成长型餐饮店的动机是"想要支持它" ………… 024

4. 成长型餐饮店的特征 ………………………………… 029

5. 成为成长型餐饮店的重要条件是将店铺经营成
"备受支持"的店 ………………………………………… 038

第3章
知晓"支持"与"顾客来店消费"的重要联系

1. 摒弃固定顾客的概念 ………………………………… 043

2. 何谓"支持型消费" ………………………………… 047

3. 顾客支持必然会提升来店光顾率 ……………………… 049

4. 顾客支持必然会带动人均消费额增长，熟客介绍必然会开
拓新客源 ………………………………………………… 053

第4章
打造顾客支持型餐饮店的七大步骤
让顾客自愿助你一臂之力

步骤一 不遗余力地展示全力以赴的姿态 …………… 059

　　店主全力以赴的姿态是开启"顾客支持"的开关！ … 059

　　比"高效"更重要的事情 ………………………………… 060

热情不足的店铺运营形象必然会传达给顾客 ………… 062

JAGZZ Shot bar（化名）的故事 ……………… 062

若顾客没有看到你的全力以赴，那么你的努力将是

徒劳 …………………………………………… 065

步骤二　通过"信息公开"和"信息发布"

获得信赖 …………………………………… 068

获得顾客信赖的两大要素 ………………………… 068

愿意公开的信息和不愿公开的信息 ……………… 069

"不愿公开的信息"关系到顾客的信赖 …………… 072

步骤三　挖掘与顾客的"共鸣"点，并运用到店铺

经营活动中 ………………………………… 074

为获取共鸣而主动发声 …………………………… 074

获得顾客支持的店主必然也会帮助顾客 ………… 076

第5章

打造顾客支持型餐饮店的七大步骤
获取顾客的实质性助力

步骤四　理解并运用"顾客的普遍心理" ………… 081

普遍就容易被忽略？我们需要探究人的心理 ……… 081

理解顾客重视健康的心理 ………………………… 084

将店铺关怀传递给顾客 …………………………… 086

步骤五 告诉顾客"我们能这样帮助您" ·············· 090

　　长期热销商品持续受到追捧的原因 ·············· 090

　　通过成为顾客生活中不可或缺的存在来赢得顾客

　　支持 ·· 092

第6章
打造顾客支持型餐饮店的七大步骤
构建持续稳定的顾客助力关系

步骤六 营造充满愉悦感的店铺氛围 ·············· 097

　　提供充满愉悦感的享受空间 ·············· 097

　　"充满愉悦感"具体体现在什么方面 ·············· 098

步骤七 将"感谢"以可视化的形式表达出来 ········· 103

　　让"可视化"成为习惯 ·············· 103

　　让顾客认识到自己是支持型顾客 ·············· 105

第7章
了解自家店铺的"支持力"（顾客支持的力度）

1. 从来店顾客中挖掘有可能发展为"支持型顾客"的

　　方法 ·· 109

2. 从店外挖掘有可能发展为"支持型顾客"的方法 ··· 114

3. 从与顾客的对话中了解是否获得支持 ····················· 117

4. 从顾客的行动中了解是否获得支持 ······················ 120

5. 从店内问卷调查了解是否获得支持 ······················ 122

6. 从供货商的交货行为了解是否获得支持 ·············· 130

第8章
提升自家店铺的"支持力"（顾客支持的力度）

1. 提升"支持力"的理由 ····························· 135

2. 通过塑造店主个性提升"支持力"的方法 ············· 139

3. 通过店内外的告示板提升"顾客支持力"的方法 ··· 142

4. 通过店铺主页和 SNS 提升"支持力"的方法 ········· 146

5. 通过对附近商圈居民施加影响提升"支持力"的
方法 ·· 154

6. 提升供货商"支持力"的方法 ························ 156

结束语 ·· 158

第 1 章

东日本大地震显示出的日本人
在支持心理驱动下的消费特征

1. 受灾地餐饮店风生水起与举步维艰的两极化现象

日本当地时间 2011 年 3 月 11 日 14 时 46 分发生了东日本大地震（以下简称地震）。

当时我正在位于东京吉祥寺的某连锁餐饮店，与该店菜单研发负责人商谈事情。

因为这是异乎寻常的震动，当时我认为有必要去了解到底发生了什么事，便提前离开那家店，往车站奔去。只见一家电器专卖店的电视机前已是人头攒动，里面正播放着一幕幕令人惊恐万分的画面——那是宫城县某处发生海啸的影像。

我立刻开始担心位于宫城县、岩手县沿海地区的食品企业顾客，以及一家隶属于一般社团法人环保食品健康研究协会（以下简称社团，它是一个拥有 252 家会员的组织）的水产品加工厂的安危。在不祥的预感的驱使下，为了立即与这些企业取得联络，我发送社团群邮件询问了当时的最新状况。以上是我参与支援灾区复兴的缘起。

如此大的受灾规模能让人轻易想象到受灾地的餐饮、食品企业所面临的窘况。当我看着电视机里海啸的影像时，"必须去当地"的念头变得愈发强烈。

深夜，我给我们的社团会员企业和顾客企业一个接一个地打电话，招募愿意同去灾区的志同道合之人。就在当晚，我们一行人带上装得满满当当的救援物资（粮食），踏上了赈灾的征途。

在那之后四年过去了，我现在仍然在参与四家临时餐饮店、两条临时商业街的地区复兴支援活动。如今，正在复兴中的临时餐饮店在某种程度上，已经向我们交出了一份非常直观且清晰的答卷。

也就是说谈到其现状，**即使是外行人，也能一眼看出哪家店正风生水起，哪家店已是举步维艰。**

观光客若看到店里座无虚席，即使需要排队等位也会愿意进店尝鲜。而对于那些门庭冷落的店铺，只要远远地往店里一瞥，看到店主正在屋内无所事事地发呆，顿时便会萌生另觅别家的想法。

强者愈强、弱者愈弱的两极分化现象说的就是眼前的景象吧。

这次大地震带给我们诸多启示。它让我们认识到生命的珍贵，家人的可贵，普通生活的宝贵，也让我们更加珍视人与人之间的缘分、羁绊等。

此次灾难也让我失去了一位尊敬的挚友，以及其他大约三十位熟人。四年后的今天，活着的我们应该如何正确认识这次地震呢？也许我们应该在各自的岗位（工作和家庭）上重新思考这个问题，并为后人总结经验教训。

我所在岗位的职责是，让个体餐饮店和食品企业重新焕发生机活力。我认为我有义务通过本书，将在此次赈灾救援中获得的经验教训传授给餐饮及食品行业从业者，也希望能为后人提供一些帮助。

如今回想起来，地震后"必须得去灾区"的这一心情，正是本书最想简明传达的信息。

当年，正是当时刚经历了大地震苦难的餐饮、食品业的同行们在生死一线之间奋力逃离海啸的"魔爪"后，在避难所互相打气、携手努力的画面感染了我，使我萌生了"想要支持他们"的想法。

而这个"想要支持他们"的想法变成了驱使我奔赴现场的动机，时至今日仍然是我持续奔赴灾区的强大动力。

仅靠浮于表象的面部表情和肢体动作无法掀起人们内心的波澜。**只有实实在在的全力以赴的姿态才能开启人们心底"想要支持"的开关，从而触动内心深处的心弦。**

希望本书，能让餐饮、食品业的同行理解"支持"背后的一系列心理动机，并将其应用到自家店铺的经营活动中。

2. 支持心理驱动顾客来店光顾与消费

想必大家都见过地震后，将灾区生产的食品、杂货拿到受灾地以外的地区销售的活动，我们一般将其称为"赈灾展销会"。

目前为止我已策划过 60 场赈灾展销会，在众多志愿者的支持下，这些展销会均已顺利举办。

下页的照片是当时在静冈县的 J-League 球队复兴慈善球赛赛场举办的赈灾展销会的情况。

社团调查数据显示，自 2011 年 3 月地震发生以来，截止到 2012 年，日本全国各地大大小小举办了约 6000 场赈灾展销会。

从 2011 年 11 月的"复兴屋台村气仙沼市横丁"开始，到 2012 年，临时商业街和临时小吃街，如雨后春笋般出现在灾区沿海地带。全国各地的游客蜂拥而至，极其热闹，当时各类媒体都争相报道了这一情景，对此大家应该还记忆犹新吧。

面对此情此景，我们首先驻足思考一下：

在全国举办赈灾展销会的人们的动机是什么？蜂拥赶到灾区临时商店和小吃街的人们的动机又是什么？

照片1 在足球赛场举办赈灾展销会的情形

在网上检索"支援重建"等关键词，便可得到诸多启发。某网站上有这样的记载：

2011年5月开始推行的支援灾后重建项目"Oyster For Oyster"，是岛根县海士町与当地企业等联合开展的活动之一。顾客每购买一份海士町名产"岩牡蛎"，就会有一笔善款被送到宫城县东松岛市的牡蛎生产商手中。

介绍该活动的报道标题为"支持灾区！'Oyster For Oyster'牡蛎售卖活动拉开帷幕！"（目前该活动已结束）。

经济产业省也在正门前多次举办过东日本大地震·支援灾区振兴展销会，活动标题简单直白，名为"【第〇弹】支援灾区展销会"。农林水产省目前也正倾尽全力推广名为"一起用吃来支援灾区吧"的活动。

不知大家是否注意到，这些活动里都包含"支援"或"支持"的字眼。

由此可以推断，那些在全国举办 6000 余场赈灾展销会的人们的动机，以及蜂拥赶到灾区临时商店和小吃街的人们的动机，便是"想要支援（支持）"！

那么为慎重起见，我想从市场营销的"needs"（需要）和"wants"（欲求）这两点，来分析整理一下人们从全国各地蜂拥而至临时商业街及小吃街的原因。

所谓"needs"（需要），是指日常生活中某些要求未得到满足的状态。所谓"wants"（欲求），是指想要具体"需要"（needs）得到满足的愿望，表现为对具体的某些商品、服务的情感诉求。比如"想吃安全放心的蔬菜"就是"needs"（需要），"眼下想要无农药添加的蔬菜"即为"wants"（欲求）。

看到电视上播放的日本大地震时的情景，我们可以归纳出全国多数人的"需要"和"欲望"：

【needs】想要支援灾区！

【wants】想要购买灾区生产的产品，想去灾区的临时商业街和餐饮店！

当时，灾区产品以及临时商业街的存在正好切合了日本全国多数民众的欲求心理，从而极大地催生了顾客来店消费。

3. 支持心理驱动下，灾区临时餐饮店的两极化消费现状

刚才谈过，即便是外行，也能一眼分辨出灾区哪家餐饮店风生水起，哪家举步维艰。

这句话不仅适用于单个店铺，也同样适用于店铺聚集的临时商业街和小吃街。有些临时商业街和小吃街繁华兴盛，有些却萧条冷清。同是灾区，同是受灾人群，为何会有这样的天壤之别呢？

决定成败的线索就在表 1 中。该表统计的是从 2013 年 4 月至 2014 年 3 月这一年内，商业街（包括小吃街）内举办活动的次数。表 2 为临时商业街及小吃街的人气度调查。表 3 是以抽查的方式记录的各临时商业街内的店铺营业时间情况。请诸位将三张表格对照浏览。

这些结果显示出了什么呢？

表 1　举办的活动次数

	次数
A 商业街	29

	次数
B 小吃街	9
C 小吃街	32
D 商业街	8
E 小吃街	19
F 商业街	8
G 小吃街	18

资料来源：一般社团法人环保食品健康研究协会　灾区支援活动报告文件

表2　临时商业街及小吃街的人气度调查

	2013/12/22	2014/2/16	2014/3/29
A 商业街	○	○	○
B 小吃街	×	×	×
C 小吃街	○	○	○
D 商业街	×	×	×
E 小吃街	△	△	△
F 商业街	×	×	×
G 小吃街	△	△	△

资料来源：一般社团法人环保食品健康研究协会　灾区支援活动报告文件

人气度的评价方法：通过各抽查日当天20：00时，各临时商业街（小吃街）来店人数来判断。占座率超过50%为繁荣（○），10%—49%时为中等（△），不到10%为不足（×）。

表3　营业时间调查

单位：小时

	2013/12/22	2014/2/16	2014/3/29
A 商业街	8.8	8.1	8.1
B 小吃街	5.3	5.1	4.9

（续表）

	2013/12/22	2014/2/16	2014/3/29
C 小吃街	9.2	8.2	8.3
D 商业街	4.9	5.1	5.2
E 小吃街	7.4	6.9	6.6
F 商业街	5.5	4.7	5.6
G 小吃街	7.2	6.8	6.7

资料来源：一般社团法人环保食品健康研究协会　灾区支援活动报告文件

营业时间的统计方法：统计抽查日当天各商业街（小吃街）所有营业店铺从开店到打烊的总时长，再计算平均值。

我从以上图表得出如下结果：

1. 举办活动次数很少的临时商业街和小吃街的揽客能力较差。

2. 临时商业街和小吃街内营业时间短的店铺越多，揽客能力越差。

关于这两点，我会在第 4 章第 1 节详述。但不可否认，该结果给我们提供了一个极其重要的观点，简而言之，可将其归结为一个疑问：

"你想要支援哪条临时商业街（小吃街）？"

我会毫不迟疑地选择"举办活动次数多的临时商业街和小吃街""大多数店铺愿意长时间营业的临时商业街和小吃街"。理由简洁明了，**因为他们在拼尽全力。**

没有人会认为那些不怎么举办活动的、营业时间短的店铺，比热衷举办活动的、营业时间长的店铺更加拼命、更加努力。

也就是说，**顾客对于不努力的店铺是不可能萌生出支持、支援的想法的。**

很久以前，一位从事风险资本投资的朋友曾告诉我，即使在深夜，他们也仍然在灯火通明的公司工作。据说这是判断一个员工是否努力（全身心投入）的基准。

当然，那些门可罗雀的临时商业街和店铺背后也有许多原因——诸如高速公路免费通行时段结束、福岛的核污染问题（包括因谣传产生的损失）、附近住宿设施不完备等——导致顾客来店意愿降低，这也是不争的事实。

与 2012 年相比，2013 年灾区游顾客数整体减少了三到四成，这样的报告随处可见。

尽管如此，灾区确实也存在着呈现出一派繁荣景象的临时商业街及小吃街。在思考如何吸引客流方面，着眼于这个事实来解剖原委才是最关键的。希望各位读者一边思考这个问题，一边继续往下阅读本书。

4. 餐饮店——用饮食为所有人提供一个充满幸福感的空间

在灾区的临时商业街及小吃街上，观察那些生机勃勃的店铺，你会深切感受到：**餐饮店是一个让所有人都能获得幸福的空间**。而越常在店里点餐，这种感受越发深刻。这里说的"所有人"，指的是顾客、员工、供货商，以及其他一切跟店铺有关联的人。总之，这里让人心情舒畅。

诸位是否对赫尔曼·戴利金字塔有所耳闻？

数十年前，民众普遍认为经济增长，即 GDP 增长能丰富普罗大众的物质生活，提升人们的幸福感。

然而，据说很多像日本一样的发达国家出现了这样的现象：尽管零售业销售额和工业生产产值等多数指标均呈持续上升趋势，但大多数国民"并未切身感受到生活是幸福的"。

关于这点，原世界银行首席经济学家推崇的一个关于幸福与经济增长的模型常被提及，它就是"赫尔曼·戴利金字塔"模型。

如果将餐饮店和食品企业用赫尔曼·戴利金字塔模型来表述，蔬菜等农作物属于自然资本，店主和店员则归属为人力资本。而社会资本指的就是餐饮店的所处位置、范围等。

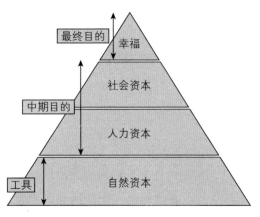

图1 赫尔曼·戴利金字塔

　　未来的餐饮经营活动中，以这些资本为工具"将餐饮店打造成一个幸福的空间"的理念会越发受到重视，这一点请务必牢记。

　　若只注重营业额（或者金钱）的数字，这种餐饮店的经营在本质上与奉行 GDP 增长主义如出一辙，无法让人真正感到幸福，最终将陷入日暮途穷的境地。

　　我们始终必须牢记的是，我们餐饮店以及食品企业是一个可以为所有人提供幸福的空间（场所）。

　　本书介绍的"顾客支持型经营"会成为收获幸福的根本经营方法。顾客、员工、供应商的互相支持是构建完美循环的捷径。

　　在构建此循环的过程中，相信您也能切实看到营业额的增长，并坚信营业额一定能够获得提升。

第 2 章

成长型餐饮店必定是备受顾客支持的餐饮店

1. 客流量少的餐饮店特征

店铺营业额＝进店人数×人均消费额。我认为餐饮店经营者一般都会将进店人数与人均消费额这两个因素分别分析。那么，您会思考客流量少的原因吗？

客流量少的原因一般为以下五点：

· 菜单（所有菜品种类）不符合顾客层次

· 提供的料理不美味（质量不佳）

· 营销策略没有很好地发挥作用（没有选择适合顾客层次的广告媒体等）

· 店面印象不佳（不卫生、外观设计差等）

· 地理位置不好（商圈内人口少等）

大家都会断定就是上述这些原因。但我想告诉诸位读者的理由是，**"因为这些餐饮店是顾客不想支持的店"**。

确实如此。**极端一点来说，只要顾客认为是"想要支持的店"，无论选址如何，料理如何，都会光顾。** 也就是说，顾客如果不想支持，也就不会想去光顾。

我说过我在为一些餐饮店提供咨询服务，那些"特意"光顾这些店的顾客（想要支持店铺的顾客）将刚才的理由做了如下诠释：

·菜单（所有菜品种类）不符合顾客层次

→虽然不是自己喜欢的菜品（所有菜品种类），但他们拼尽全力去做了符合我口味的菜肴，所以想要光顾。

·提供的料理不美味（质量不佳）

→虽说味道平平，但看到他们**拼命为我做菜**就很开心，所以想要光顾。

·营销策略没有很好地发挥作用（没有选择适合顾客层次的广告媒体等）

→虽然知道店家推出了优惠券等营销策略，但店主一直在努力，不管用不用打折优惠券，都想要光顾。

·店面印象不佳（不卫生、外观设计差等）

→虽然店铺外观一般，但店主每天都在努力清扫，所以想要光顾。

·地理位置不好（商圈内人口少等）

→虽然距离车站较远，但还是在努力经营，所以想要光顾。

像这样思考的顾客就是本书定义的"支持型顾客"。

一言以蔽之，**客流量小的店铺的最大特征就是支持型顾客少**。无论有多少固定常客，客流量也不会增加。这点第3章会另行详述。

　　也就是说，客流量小的店内没有支持型顾客。也可以这样
来理解，支持型顾客很少是指能够支持本店的顾客很少，也就
是来店消费人数少。

　　如果是这样的话，大家可能就会产生如何才能得知是"顾
客特意前来"的疑问。我会在第 7 章具体说明辨别的办法。

2. 人均消费低的餐饮店特征

刚才已经介绍过将营业额要素拆解分析的话，就是进店人数×人均消费额。

本书上一节就客流量小做了说明，这一节我们将探讨人均消费额低的原因。首先我来介绍一下，一般情况下，人均消费额低的原因，基本可归纳为以下几点：

·菜单（所有菜品种类）没有吸引力（无法让人产生消费的欲望、无法让人产生重复消费欲望）

·待客不当（没有做好根据顾客店内用餐情况激发顾客消费的方案）

·店内 POP 广告效果差（无法激发顾客持续消费的想法）

·菜式及商品单价低（过分在意竞争对手，定价不合理）

·折扣优惠机会多（在意竞争对手，促销活动太多）

·菜单内容未进行有效的设计打磨（午餐、晚餐等套餐吸引力不足，没有制定合理的价格）

·未设置刺激消费或消费欲望的价格分段（比如按松竹梅^①，

———————————————

① 在日本，松竹梅是代替上中下用于划分商品和座位三种品级的称谓。

上中下这三种等级分段定价，有意识地引导顾客选择中段价格的菜品）

上述人均消费低的原因看起来都合情合理。实际上，我也常常接到这样的咨询业务。

但这些仅是表面的。支持型顾客会有另一套想法和做法。有支持型顾客的店铺，是不会遭遇上述问题的。

·菜单（所有菜品种类）没有吸引力

→**顾客会自己询问**店主或店员本店的招牌菜品后再点单。

·待客不当

→**顾客会自己询问**店主或店员本店的招牌菜品后再下单，并且愿意等到店家方便的时候再上菜。

·店内 POP 广告效果差

→即使没有被 POP 吸引（POP 没有激起顾客的购买欲），顾客会自己咨询店主、店员本店的招牌菜品。

·菜式及商品单价低

→**几乎没有意识到**与其他店家相比价格是高还是低。**原本就不会去比较。**

·优惠促销多，折扣力度大

→**原本就不打算使用**打折优惠券。

·菜单未进行有效的包装打磨

→重点着眼于**自己主动咨询**本店的招牌菜品，没有从菜单是否有吸引力、定价是否合理的角度思考。

· 未设置刺激消费或消费欲望的价格分段

→重要的是信任店主或店员推荐的菜品，不怎么根据价格来点菜。

也就是说，**支持型顾客会主动配合、助力店铺经营活动，绝不会做不利于店铺发展的事。**

基于这样的观点，我们可以看出人均消费额低的店铺特征是：理解店家、优先为店家考虑的顾客少。

若再进一步详细说明，面对店主或店员推荐的菜品，大多数顾客都能快速下单，且不会催促的餐饮店，就是获得顾客支持的店。这种状态下，店里的人均消费额就有可能很自然地如预期般提升。

反过来看，即使店家推荐也不会消费的顾客占多数的话，这样的店铺人均消费额就会很低。

表4　点招牌菜的顾客人均消费金额

	食物人均消费额	饮料人均消费额
2013/12/13	3362 日元	2530 日元
2014/2/7	2944 日元	1921 日元

表5　未点招牌菜的顾客人均消费金额

	食物人均消费额	饮料人均消费额
2013/12/13	2062 日元	1933 日元

	食物人均消费额	饮料人均消费额
2014/2/7	2049 日元	1651 日元

一般社团法人环保健康研究协会用户部调查结果

　　以上两张表是社团针对东京市内某家居酒屋做了调查后得出的结果。不管是咖啡店还是餐厅，人均消费额呈现大致相同的趋势。观察此表，其差异一目了然。

3. 光顾成长型餐饮店的动机是"想要支持它"

请问大家思考过顾客来店光顾的动机，也就是来店光顾的理由吗？业界普遍认为大体有如下两种：

· 无意为之（没有特别的理由，盲目行动的结果）

· 有意为之（为达成某种目的而行动的结果）

首先，"无意中就来店光顾"的顾客谈到自己的光顾原因时会提到"被店铺的外观所吸引"，"偶然路过这家店时觉得店铺很显眼"等。

我刚步入社会那年，有一部松岛菜菜子主演的电视剧《大和抚子》收视率非常高，跟我同时代的很多人应该都有印象吧。

剧中，松岛菜菜子饰演的角色被称为"联谊女王"，一天到晚忙于联谊，所有来联谊的男性都会被她的美貌所倾倒。

而这类男性都举止轻浮，喜新厌旧。

虽然有点离题，但"无意中"来店光顾的顾客，用恋爱的语言来讲就是"因外表就喜欢上的类型"，这种类型有极易厌倦的特征。

因装修等外观因素被吸引到店的顾客，或许话说得有点过，这样的顾客赶时髦的可能性极高，很难预测他们下次何时会再次光顾。

当然，也有很多顾客并非如此。有很多顾客偶然经过店门口，感觉店面设计与自己的感受、兴趣相吻合而随即产生了进店的念头，也进行了消费。这种情况下最重要的一点是：店内装修、设计观念、外部形象均需保持一致。

另一方面，"有意来店光顾"的顾客都有各种各样明确的来店动机。比如，像我这样的阪神球队球迷，就是"为了与同是阪神球迷的店主交谈"等。

在确认这两种来店动机的基础上，再请看下方的图 2。这是社团在 2013 年针对一家名为"MANU"的私人经营的咖啡店的老顾客，而开展的来店动机与来店频率的调查结果。

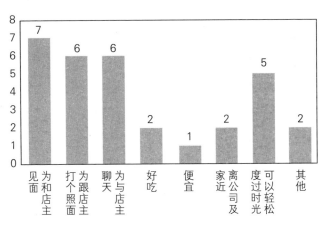

图 2　MANU 咖啡店来店频次（月平均到店次数）

观察顾客理由中频率较高的是"为和店主见面""为跟店主打个照面""为与店主聊天"等。也就是说，来店的目的是"店主"。

另一方面，图3显示的是某著名大型连锁咖啡店的来店动机与来店频次之间的关系。与个体经营的咖啡店截然不同，"便宜""可以轻松度过时光"等常规的理由居多。也就是说，背后多是"无意为之"的顾客。

比较这两个表可得知，店铺规模越小，回答以店主为目的的来店理由就会越多。实际上，向我咨询过的很多顾客都进行过这种调查，结果都基本一致。**频繁来店的顾客就是"为了去**

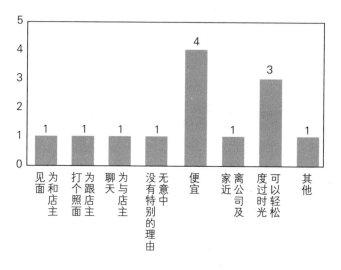

图3 大型连锁店平均到店频次（月平均到店次数）
图2、图3均为一般社团法人环保食品健康研究会调查结果

见店主"，这么说也毫不为过。

接下来进入正题。那么为什么要去见店主呢？

看一下对刚才提及的咖啡店"MANU"进行的第二次调查的结果，大家便清楚了。图4便是调查结果。

见店主的理由千差万别，但其中占比最高的理由是"正在支持店主"和"想支持店主"。

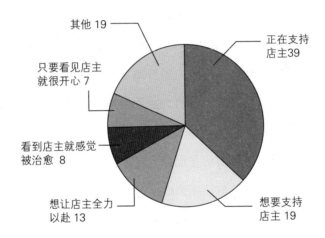

图4　与店主见面的理由（单位：人）
一般社团法人环保食品健康研究会调查结果

因为有上述结果，所以我在提供咨询建议时经常会说"店铺与店主是一体的"。

越是个人经营的店铺，该理论越站得住脚。

结果就是，如店主没有获得支持，店铺生意也不可能兴旺。

无论端出多么美味的料理，只要店主得不到支持，上座率就不可能增长。

顾客支持的并非"料理"，而是"店主"。正因为是店主制作的料理，才想要支持。

虽说是题外话，我之前曾提到自己常去一家居酒屋的理由是"为了和同是阪神球迷的店主交谈"。在他家一定可以观看到自己最爱的阪神队的比赛，而且整个店内都是阪神球迷。我极其享受这样的氛围，所以总会去这家店。

正因为店主同样是阪神队的球迷，我才会选择来到这家店。但如果店主是巨人队的球迷，哪怕那里每次都会播放专业棒球比赛，我也绝不会进店。正因为是阪神球迷，我才变得想要支持同是阪神球迷的店主。

· 喜欢巨人球队的店主面向阪神球迷经营的居酒屋
· 喜欢阪神球队的店主面向阪神球迷经营的居酒屋

哪一个才能传达店主的认真程度呢？显而易见是后者。并非表面，而是真正拼尽全力的店主和店铺才会让人产生支持的欲望。

4. 成长型餐饮店的特征

以上述说明为前提，接下来我将聚焦于店铺的六大方面
（店主、店员、供应商、顾客、食物、5S），来整理归纳处于发
展期的餐饮店特征。

诸位的店铺情况如何呢？若这六大方面的状态全部进展良
好，那可以说您的店就属于顾客支持型店铺，并已开始迈入发
展上升期。

◆成长型餐饮店的店主

成长型餐饮店的店主一般都备受顾客信赖。信赖，就是依
赖、信任。虽然我们可以简单地把这个词写下来，但事实上要
获得顾客的信赖绝不容易，它需要经过长年累月的坚持才能收
到成效。

店主不仅要获得顾客的信赖，也要获得店内工作的店员的
信赖。这样店主和店员之间才能构建坚实的信赖关系。

成长型餐饮店的店主，会与店员日复一日地努力，共同打
造一个可以愉快工作的环境。

比如在排班时能留心店员的私人问题。如不给兼职的学生

在他们的考试期间排班等。也就是说，店主会照顾每位店员的私人时间，关心、支持员工的私人生活。

对员工的关心若只是一时兴起，或只在营业时间才有表现，那这样的状态是无法构建牢固的信赖关系的。不管是今天、明天还是后天，不管明年还是后年，不管是营业时间还是休息时间，**你都应该意识到顾客和员工都在看着你**。也就是说，除了经营餐饮店外，店主还要对顾客和员工持续付出情感，想彻底放松是不可能的。

再者，为了获取顾客信任，就决不能背叛顾客。具体来说就是，说话不要前后矛盾，无论是否处于营业时间都要保持形象不崩、言行一致，这才是秘诀。

说一个笑话，我有一位朋友，他在某大型环境咨询公司工作，工作内容是每天引导顾客关注环境，并对他们进行具体指导。有一天他妻子对他抱怨道："一个在家里都不会将房间里不使用的灯关掉的人，他的指导，顾客怎么可能会接受。"

当时，他失去了所有顾客，事业不断下滑。妻子的话直截了当地刺中了他的心。

听完朋友的讲述，我便想道：

"啊！原来如此。原来是因为他的言行没有获得顾客的信任。恐怕他在顾客那里有时也会做忘记关掉洗手间的灯等言行不一致的事。原本是站在指导的立场上去帮助顾客关注环境，事实上自己都无法以身作则，说话做事前后不一，顾客可是看得清清楚楚。"

成长型餐饮店的店主是受顾客（附近居民）、员工信赖的。这无关于店主的性格是内向还是外向，这种信赖是在店主日复一日言行一致的基础上才培养出来的。无论哪种性格，只要保持一致性就好。

假如营业时间内，店主表现得豁达爽快、很擅长跟人打交道，但在休息时间，即便是在路上碰到，却连一句问候都没有。遇见这种情况的话，顾客内心肯定会生起大大的疑问。

◆成长型餐饮店的店员

成长型餐饮店店员的特征是士气高昂，哪怕他只是一名兼职学生。

我之前说过，若店主从内心深处支持店员，那么店主也会获得支持。人一旦感受到被人支持，就会想向给予自己支持的人报恩。这种自然而然产生的内心活动，才是产生支持的原动力。

比如之前提到的兼职学生一定有考试周。店主最好像对待自己人一样简单问候一句"这次考试准备好了吗"，再照顾一下他的排班。而且表现得越真心，兼职学生的内心深处会越感到自己"在被支持着"，并牢记。

那么即便后来这个兼职学生进入社会，甚至离开店铺，这种绝妙的体验一定会让他以顾客的身份与店铺建立起新的联系。或者如果他还在兼职期间，如果店里办酒席人手不够，他也会在这样忙碌的时候快速赶来上班。

◆ 成长型餐饮店的供货商

成长型餐饮店供货负责人的特征是一般都擅长聊天。聊天的内容除了交货方面，有时候也包括家长里短、其他餐饮店的情况、划算的食材信息等，总之很能聊。他们的理由很简单，就是单纯地想和店主聊天，想在店里多待一会儿。也就是说，对供应商而言，店内是一个令人感到舒适的空间。

与餐饮店做批发生意（送货）的人应该能明白，在令人心情不愉快的店铺，他们根本不想久留，只想迅速卸货离开。所谓"令人心情不好的店铺"，是指那些"店主根本不会努力想让供应商的销售额提高哪怕 1 日元"的店。供货商看不到丝毫提升销量的希望，当然也不会有多大热情。

我曾在面包制作行业做过推销员兼送货司机，当时的工作是给咖啡店派送用于制作早餐及三明治的白面包。那时的我也是如此，会想方设法在能令人心情愉悦的店里多待些时间，而那些不想多待的店铺则是每每快速送完货就立刻离开。

当时的我每天载着 200 到 400 个面包，挨家挨户地去每个咖啡店询问："今天您需要多少面包?"然后卸货。这是我的工作。每家店每天能采购的数量与我的业绩息息相关,因此在那些能大量进货的店,或者有可能会大量进货的店多待一会儿是很自然的事。

此处的关键问题就是"好像能大量购买"这一点。一言以蔽之,就是"感觉有这种可能的店铺"。所以送货的人会变得爱操心(很能聊),因为他们提供了有效信息,自己的销售额也有可能提升。

为了推销白面包的多种吃法,供货(送货)人员还要提出菜谱方案。以此为前提,供货人就有必要了解顾客层,最重要的是要了解店主的考虑和想法。

供货人询问店主关于店铺的近期规划等,就是站在店主的立场上想问题,这种行为会提高对店铺的期待值,不知不觉触碰到开启"支持"店铺的开关。

我再重复一遍,出入成长型店铺的供应商的特征是爱操心、能聊。要达到这种局面,您的店铺一定要拼尽全力地获得供应商的支持。

◆成长型餐饮店的顾客

成长型餐饮店的顾客的特征也是很喜欢聊天。他们能够为店里着想,甚至愿意伸出援手。

这是一件真实发生的事情。一位店主,在后厨忙得不可开交、腾不出手，顾客看到后主动帮忙端菜、擦桌子。

像这样的顾客就不喜欢给店里添麻烦。看到店主忙得不可开交时绝对不会追加点单，而是会选择在店家稍微空闲的时候点菜。他们也绝对不会因为上菜稍慢就投诉，会一直耐心等待饭菜上桌。

◆成长型餐饮店的菜肴

成长型餐饮店的菜单（菜品种类）实际上非常简单明了。

当然每家店铺的菜品种类千差万别，但成长型餐饮店，消费率高的菜肴常常是一目了然的。

东京市内有一家冲绳料理店，他们店菜单约四分之一的版幅都是在力荐热销菜品——冲绳荞麦面。

该店每天座无虚席，生意兴旺得很。

支持店铺的顾客大多数来自冲绳。因为店主也是冲绳人，他们大概是从在东京努力打拼的店主身上看到了自己的影子，所以才聚集到这里。而店里也因为这些顾客讨论的冲绳话题而气氛热烈。就像我之前提到过的，身为阪神球迷的店主能吸引阪神球迷的顾客，这道理是一样的。

所以说，像这样的成长型餐饮店的菜单（菜品种类）往往一目了然。

◆ **成长型餐饮店的5S**

5S①，是集合了整理（Seiri）、整顿（Seiton）、清扫（Seiso）、清洁（Seiketsu）和素养（Shitsuke）这 5 个词的首个日语罗马字母 S 的缩写。它是一句标语，也是日本企业在各种生产现场以改善环境为目的贯彻的五个原则。

图 5 是对 "一家经常光顾的居酒屋洗手间卫生状况" 的调查结果（社团调查结果）。

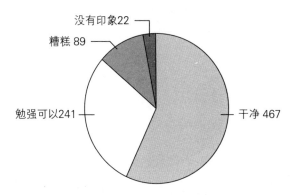

没有印象22
糟糕 89
勉强可以241
干净 467

图 5　常客对居酒屋洗手间卫生状况的评价　（单位：人）

---

① 整理（Seiri）、整顿（Seiton）、清扫（Seiso）、清洁（Seiketsu）和素养（Shitsuke）中的 Seiri、Seiton、Seiso、Seiketsu、Shitsuke 为日语罗马字。整理指区分要与不要的东西，工作环境中除了要用的东西以外，一切都不放置。其目的是将 "空间" 腾出来以待使用。整顿指要把东西依规定方位、规定方法摆放整齐，明确数量，明确标示，即实现 "三定"：定名、定量、定位。其目的是不浪费 "时间" 找东西。清扫指清除工作环境内的脏污，并防止污染的发生。清洁指将上面 3S 实施的做法制度化、规范化，以维持上述成果。素养指培养文明礼貌习惯，按规定行事，养成良好的工作习惯。其目的是提升 "人的品质"，让员工成为对任何工作都讲究认真的人。

结果显示，包括"勉强可以"的回答在内，约85%的顾客对经常光顾的居酒屋洗手间卫生情况表示满意。

图6是在东京新桥车站前的调查结果。通过对"不常光顾但今天偶尔来店消费"的顾客就"对居酒屋洗手间卫生的印象"开展调查时发现，虽然有一大半人表示没有印象，但仍有很多人表示卫生状况很糟糕。

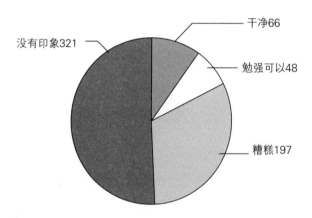

图6 当天偶然光顾的顾客对洗手间卫生状况的评价（单位：人）
一般社团法人环保健康研究会调查结果

其实不只是卫生间，哪怕店铺各处的5S全部做到位，也不能保证来店消费的顾客数一定会增加。但从饼状图中至少可以看出，切实做好5S能使顾客保持好感度。

所以，比起脏乱的环境，大多数顾客更愿意在一个做好5S的环境中就餐。

保持干净整洁的环境，是向顾客证明店铺在努力践行 5S 的一种方式。也是店主和店员从每天开店营业前就开始以全力以赴的姿态在工作的证明。因为店主和店员们不努力的话是无法达到 5S 的标准的。

让顾客在不知不觉中，通过店铺的表象去深入思考不也是很重要的一件事吗？

5. 成为成长型餐饮店的重要条件是将店铺经营成"备受支持"的店

成为成长型餐饮店的重要条件是将店铺经营成"备受支持"的餐饮店，此观点您现在也稍微认同了吧。

在第2章最后，我想先介绍一个饶有趣味的调查结果，然后开始第3章。

首先是我常去的"阪神球队球迷聚集地"。我拜托店主请他介绍他自认为平时非常支持自家店铺的62名顾客，再对他们的来店动机展开调查（表6）。

结果得知，他们进店消费的最大理由是，"想支持同是阪神球迷的店主"。出人意料的是，该理由压倒性地超过了"创造了一个播放阪神比赛的空间"。

表6　62名支持型顾客的来店动机（可多选）

因为店主是阪神球队粉丝	62
因为店内播放阪神球队比赛	13
因为可以畅谈阪神话题（顾客间）	16

（续表）

因为可以畅谈阪神话题（与店主）	33
其他	31

一般社团法人环保食品健康研究会调查结果

还有一家比较隐蔽的名为 Suberu 的咖啡店，其调查结果也
非常耐人寻味。为支持尚未成名的摄影师和艺术家，店主经常
在店里举办作品展并无偿向顾客开放。

前不久我去此店时，这里刚好在举办一场以花卉为主题的
摄影展。该店每周开办一场的免费展览已排到了半年后。

来店顾客大体分为两类，一类是为了支持正在开办展览的
摄影师，另一类是为了支持愿意支持摄影师的店主。

这种店铺经营方式完美地诠释了"助人者人恒助之"这
句话。

以上两家店铺的经营状况均十分良好，通过分析数值，其
特征可归纳为如下两点：

· 每月进店消费人数逐步增加

· 每月人均消费额逐步增加

实际上，拥有该项特征不仅仅是这两家店，现实中接受我
提供的咨询建议的很多店铺也都像这样经营着。

关于此点，我还想说的关键一点是，**支持型顾客开始达到**

一定比例时，就会表现出此特征，之后我会在第 7 章第 5 节进行详细解说。

支持型顾客多的店铺经营状况会呈现良好的趋势。由此可见，支持型顾客是店铺发展不可或缺的动力。

并且，店员的支持也是店铺兴旺发达不可或缺的因素。

如前所述，如果让店员产生信赖店主的感觉，他们就会对店主敞开心扉，接待顾客时也会更积极主动，服务也将更细致入微。

第3章

知晓"支持"与"顾客来店消费" 的重要联系

1. 摒弃固定顾客的概念

虽然有点唐突，但我想问下大家是否知道特蕾莎修女呢？她是天主教教会的修女，创办了仁爱传教修女会。特蕾莎修女为帮助穷人脱离悲苦的命运，给世界所有贫穷的人送去温暖和力量。她参加的这些活动，使她成为之后修女们的典范。她一生中获奖无数，曾在 1979 年获诺贝尔和平奖。以下是她对很多人说过的名言：

注意你的思想，因为它将变成言辞；

注意你的言辞，因为它将变成行动；

注意你的行动，因为它将变成习惯；

注意你的习惯，因为它将变成性格；

注意你的性格，因为它将决定你的命运。

希望餐饮店店主在与顾客面对面交流时也能牢记上面的话。

我在给个体餐饮店和中小食品企业提供咨询指导服务时，常常听到一个词——固定顾客。

"获取固定顾客非常重要""如果一家店铺没有固定顾客，必将生意惨淡"等。但也只有在那些时常将固定顾客挂在嘴边的店家开的店铺，如果没有固定顾客便会冷清萧条。

固定顾客一般是指，定期长期到店购买商品及服务的顾客，对店铺而言，这样的顾客是非常值得感谢的存在。

但是，假如你在一家经常光顾的店内，店主向别的顾客这样介绍你："这位是固定顾客○○先生/小姐"，请问你会做何感想？

如果是我，肯定会非常讨厌。你认为我来消费就是理所当然的吗？至少我希望店主能这样介绍自己："这位是时常来我们店里赏脸光顾的○○先生/小姐。"

一旦店主和店员认为"进店消费是理所当然"时，就一定会在态度上表现出来。结果会导致顾客在心里生起一股"怎么一回事"的莫名感受。借用特蕾莎修女的名言，思想变成言辞，言辞变成行动，最终将把不好的信号传递给了顾客。

所以我在提供咨询服务时，一直反对使用"固定顾客"中的"固定"一词。工作时脑海里一直想着这个词，就会产生这是理所当然的情感和态度。

这是一个街头巷尾随处可见餐饮店，食品琳琅满目，商品化程度越来越高的时代。虽然具有独特吸引力的店铺不胜枚举，但也不可能保证顾客都能持续永久性地来店消费购买。

商品化是指处于竞争关系的餐饮店和食品间的，包括功能、品质、品牌力等差异特征消失，顾客单纯根据价格及易购性来挑选商品的状态。总而言之，在功能和品质层面，现在很多餐饮店和食品已趋于同质化，消费者认为哪家店都差不多，哪种食品都一样。

所以，我想向大家推荐一个词语——**支持型顾客**。请将刚才的固定顾客的描述改为支持型顾客吧。

"获取支持型顾客非常重要"，"没有支持型顾客必将经营惨淡"。

"固定"一词，给人一种是由店铺影响顾客，店铺掌握决定权的印象。比如准备特别的料理款待顾客，使他们成为固定顾客。

但变成"支持"一词的话，感官就有了微妙的不同。无论店家准备多么特别的料理进行款待，也不一定会获得顾客的认可和支持。采用 RFM 分析法为代表的获取固定顾客的常用方法也无法获得顾客的支持。

所谓 RFM 分析法，是指将顾客的消费行为从三个指标（最近一次消费、消费频率、累计消费）加以分类，对顾客群进行筛选并划出等级。比如，把来店消费频率高的顾客选为优良顾客，针对该类顾客提供优惠菜肴等。也就是说，**这是一种只站在店铺角度筛选顾客的方法。**

获取支持，靠的不仅是店主及店铺，**处理好与顾客之间的关系才是关键。**

　　在经营管理上，若将"固定"一词转变为"支持"，那么思想上也会从"理所当然"转变为"承蒙赏脸光顾"。这样才不会出现冷淡的言语及行为。

　　以固定顾客的想法看待顾客时，可能仅限于"谢谢""欢迎光临"这种程度的交流。当把顾客看作是支持自己的顾客时，诸如"小店承蒙您多次赏脸光顾""今天外头很热吧"等亲切话语就会脱口而出了。

2. 何谓"支持型消费"

这里想重新定义一下"支持型顾客"的概念。

所谓支持，即助一臂之力的意思。因此**支持型顾客指助力店铺经营的顾客。**

这种"支持"时常通过口头或实际行动体现出来。支持型顾客总是爱絮絮叨叨，也喜欢闲聊。比如，一出口便是，"这边的顾客还没点菜呢""杯子得再好好洗洗"等。

如果把这些话理解为"这么忙还来烦人""被投诉了"，就大错特错了。真正的投诉另当别论，但类似于这种口头提醒表达的是顾客自己对店里的期待。也就是说，口头提醒的顾客是有望成为支持型顾客的。因为一般的顾客即使感觉到"有顾客一直在催促，服务员却迟迟不上菜"或者"杯子好脏啊"也只会沉默，想着"这店下次再也不会来了"。

而在行动上体现出"支持"的顾客会率先把做好的料理让给别的顾客，或是给旁边正为点菜发愁的顾客主动推荐自己中意的料理。

这是顾客在店主未曾顾及的地方，或是忙不过来的时候做出的主动出手相助的行为。它用行动完美诠释了"无微不至"这个词。

对店主来说，做出以上行为的顾客正是帮助了自己的顾客。

我把**助力店铺顺利经营的来店消费行为称为"支持型消费"**。我也希望诸位能这样理解该词的意思。

实际上，为了能够经营顺利，从"助力"这一观点来思考尤为重要。支持型顾客不愿让店主产生困扰，也会留神注意不给店主造成困扰，会自告奋勇地为店主分忧。

支持型顾客的消费有以下一些具体表现：

·不会选择在繁忙的时间段或用餐日到店，会特意选择生意清闲的时候光顾用餐。

·愿意大胆地率先尝试新菜式。

也就是说，所谓"支持型消费"，指的是**顾客为让您的店铺能够顺利经营的有意识的消费行为**。

3. 顾客支持必然会提升来店光顾率

读到这里，诸位应该可以理解"获得支持的话，顾客的来店频率会自然提升"这句话了。话说回来，"想要支持店铺"本来就是顾客的一个重要来店动机。因此这个逻辑也是非常正确的。

接下来我想进一步探讨固定顾客和支持型顾客来店频率背后的思考模式的差异。比起固定顾客，支持型顾客的来店概率更高。

表 7 是对大阪一家名为 DOU 的咖啡店的"固定顾客"，关于来店理由做的一项调查统计（社团调查结果）。

表 7　固定顾客的来店理由

理由	选择该店的理由
想喝咖啡	喜欢店里的热/冰咖啡 咖啡的味道很好
想休息	氛围平和宁静 有闲暇时间 椅子坐感舒适
想和朋友闲聊	舒适 适合久待

理由	选择该店的理由
想吃早餐	量多 性价比高
想打发时间	氛围平和宁静 舒适 为了与朋友闲聊
想喝混合果汁	喜欢店里的鲜榨果汁 喜欢鲜榨果汁 有益健康
想吃蛋糕	喜欢有很多水果的蛋糕 喜欢不太甜的蛋糕
可能遇上朋友	适合久待 正好适合打发时间
想看书	适合久待 氛围平和宁静

一般社团法人环保健康研究会调查结果

自诩为"固定顾客"的顾客是因为"想喝茶（想喝咖啡）"等理由而到店光顾。

另一方面，表8是对店主认为是支持型顾客（可以认为是支持店铺的顾客）的顾客询问来店理由后统计的结果。

固定顾客的理由基本一样，他们可能因为"想喝茶（想喝咖啡）"等而选择这家店，但也有因为其他理由而选择这家店的情况。因为是在咖啡店，所以来店动机为"想喝茶"等是理所当然的，但要注意的是除此之外还有如表8所写的其他动机，例如有的是"为了见店主"，有的是"想了解店铺近况"等。

表 8　支持型顾客的来店理由

理由	选择该店的理由
想喝咖啡	喜欢店里的热/冰咖啡 咖啡的味道很好
想休息	氛围平和宁静 有闲暇时间 椅子坐感舒适
想和朋友闲聊	环境舒适 适合久待
想吃早餐	量多 性价比高
想喝混合果汁	喜欢店里的鲜榨果汁 喜欢鲜榨果汁 有益健康
想吃蛋糕	喜欢有很多水果的蛋糕 喜欢不太甜的蛋糕
想看书	适合久待 氛围平和宁静
想与店主聊天	与店主聊天能打起精神 与店主聊天气氛高涨 与店主聊天非常开心
想见店主	店主令人感到愉悦 无法置之不理的气氛 看到店主就觉得放心了 看到店主就能打起精神
在意店主的近况	对于一直全力以赴的店主 无法置之不理

一般社团法人环保健康研究会调查结果

支持型顾客也会在想喝茶、喝咖啡时选择这家店，但有时也纯粹是为了要支持店铺的生意而特意来店光顾。

也就是说，固定顾客的来店频率是"想喝茶的频率"，而支持型顾客的来店频率是"固定顾客到店频率+想见店主的频率""想了解店铺近况的频率"等，因此支持型顾客的来店频率极有可能大幅高于固定顾客的来店频率。

4.顾客支持必然会带动人均消费额增长，熟客介绍必然会开拓新客源

对店主、店员推荐的菜式能做到快速下单、不在店里忙碌时下单，当这样的顾客增多时，我们可以认为这是一家顾客支持型餐饮店。支持型顾客增多，**就有可能自然地如商家期望的那样获得人均消费额的提升。**

图 7 是针对一家名为"酒处 RaKu"中店主认为是"支持型顾客"的顾客，统计的一周累计点菜总数，以及非支持型顾客累计点菜总数的调查结果（社团调查结果）。最后，两者显著的差距令人大为惊讶。若有可能，请大家也尝试着在自家店铺内做一次点菜数量的统计吧。

关于人均消费额的计算式是：

人均消费额=所点菜式单价×点菜数量，因此点菜数量与人均消费额为正相关。

另外，一旦获得顾客支持，新顾客也势必会增加。相信诸位读者能直观理解顾客数量增加对于人均消费额提升的影响。

通常带朋友、熟人以及顾客来店的理由基本是以下几种：

· 饭菜美味

· 店里氛围好

· 符合朋友、熟人以及顾客的喜好

这些理由自然毋庸置疑，但请回顾一下第 2 章第 3 节介绍的动机，也就是说，我提到过"因为想要支持"才是最大的理由。我们再结合上述理由深入思考一下，便可这样理解：

· 饭菜美味 →也想让朋友、熟人、顾客尝尝

· 店里氛围好→也想让朋友、熟人、顾客感受一下

· 符合朋友、熟人、顾客的喜好→ 想介绍给朋友、熟人、顾客

也就是说，介绍他人来店消费的理由是想让对方产生"共鸣"。

如前所述，支持型顾客绝不会拖店铺的后腿，他会选择有利于店铺经营的行为。

因此，既然要介绍，熟客就会严格挑选确实能赞同店铺理念的顾客来到店内。

经过这种严格挑选后介绍到店内的顾客绝不会是一次性顾客。他们当中的多数会再次光顾。

图 8 为 2013 年 10 月关于大阪市内一家名为"酒心"的居酒屋的支持型顾客与非支持型顾客介绍的新客在 3 个月内再度光临情况的调查对比。结果显示，"支持型顾客"介绍的顾客再次光顾的比例较高。

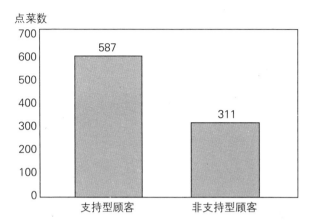

图7　一周内累计点菜数量

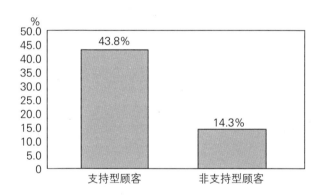

图8　介绍来的顾客成为回头客的比例

以上结果均出自一般社团法人环保食品健康研究协会调查结果

第 4 章

打造顾客支持型餐饮店的七大步骤
让顾客自愿助你一臂之力

步骤一　不遗余力地展示全力以赴的姿态

店主全力以赴的姿态是开启"顾客支持"的开关！

接下来我将按顺序说明打造一家顾客支持型店铺的步骤。

为了让顾客想要助力店铺经营，应该采取怎样的步骤呢？

第一步是最简单也是最难的课题。

请先回答这个问题，下面两家店铺您想支持哪一家？

A：适可而止努力的餐饮店

B：全力以赴努力的餐饮店

我会毫不犹豫地选择 B：全力以赴努力的餐饮店。A 和 B 从字面看只是"适可而止"和"全力以赴"这四字之差。但我想大多数人应该都会跟我一样选择 B。

我们每个人身上都带有支持某件事（某个人）的开关，但遗憾的是**这个开关是被动开启的**。有时尽管自己内心已决定无论如何都要支持 A，也无法自动开启。

我在前一章已经说明，支持即"助力"。遗憾的是，看到那些适可而止地努力的人，人们不会产生"他需要帮助所以想去帮助他"的感觉，反而会无意识地认为他们"应该还有很多余力，所以没有帮助的必要吧"。

那么如何开启"支持"的开关呢？这也是之前希望诸位思考后回答的：店主全力以赴努力的姿态至关重要。

日语中的全力以赴写作"一所悬命"，原本是武士用语，其中"一所（一个地方）"指的是领地，是事关生死的重要土地。日本文化厅官网上有这样的记载：誓死守卫领地，将领地作为生活的全部。

那么，请您将店铺视为自己的领地吧。**您愿意将店铺等同于生死攸关的一方领土进行维护吗**？或者换个说法，您真的是在全力以赴地经营店铺吗？

比"高效"更重要的事情

我提供咨询指导服务的很多店铺都没有做到这点。一出现揽客困难，它们就只会简单地找些广告代理店在报纸里夹带小广告传单，或是在网上发放优惠券，满脑子想的尽是用钱解决问题（用钱揽客）。

但往往这种经营模式很容易导致预算吃紧，资金回流困难。

每次看到这样的情景，我总是在想"明明还有更要紧的事情去做"。

花钱解决客流少（揽客）等问题就好比投资，花钱的人自然会期待回报大于投资金额。换言之，追求的是"高效"。

而我希望大家注意的是，一味追求高效等同于"好逸恶劳"，这与"全力以赴"背道而驰。

当然我并非否定"高效"的好处，但我们应看到那些获得顾客支持的店主要传达给我们的是"要注意到还有比高效更重要的东西"。

首先就是要拿出踏踏实实、全力以赴的姿态，一开始就要杜绝靠金钱获取"高效"的行为，丢弃不劳而获的思想。

全力以赴的姿态就是在行动上尽可能不通过金钱来追求"高效"。

比如，委托广告代理商设计好传单随报纸一同分发到 3000 户人家手上是追求"高效"的行为。自己花心思亲自设计、制作、打印传单，然后挨家挨户派发到附近居民手上，或站在店门口亲自发到路人手上是全力以赴的表现。

当然，后者既费时又费力，也很难覆盖 3000 户家庭。但一般人认为谁才是正全力以赴地努力着呢？答案一目了然。

对附近的居民来说，比起收到那种不带感情的小广告传单，亲手收到传单这种多少带些互动形式的接触才会在他们心中塑造一个全力以赴努力着的店铺印象（当然那些无法覆盖的地方可以考虑采用前者）。

热情不足的店铺运营形象必然会传达给顾客

此关键步骤我已经在"全力以赴"一节中做过说明，如有读者仍然持怀疑态度，那就请您务必留意了。

因为这时候您可能需要重新审视自己对开店是否还保持着最初的热情。

热情不足将削弱"全力以赴"的状态，这时候我们就需要试着找回开店的初衷。

若日常店铺经营懈怠散漫，那么"支持"的开关将永远无法开启。

从另一方面来说，若店主对"全力以赴"没有产生共鸣，那说明该店主尚留有余力，他还未竭尽全力。

店铺运营中若轻视了"全力以赴"这一理所当然的步骤，就必然会被顾客察觉。借用特蕾莎修女的话，思考会成为言辞，言辞必将成为态度而最终传达给顾客。

是否在竭尽全力地让顾客感到喜悦和满意，顾客一眼就能看穿。

JAGZZ Shot bar（化名）的故事

跟大家分享一则位于大阪的 JAGZZ Shot bar 的故事。记得我第一次到那家店是 6 年前的 10 月下旬，当时空气中开始出现丝丝凉意。

店内一共 9 个吧台位、15 个独立桌位，店里没有顾客，大片的空位置格外显眼。当时店铺的营业时间很不固定，店主每天坐在一个角落里发呆看电视。

按照惯例，我在对一家店铺提供咨询建议前都会先以顾客的身份到店内亲自观察其经营情况。因为只靠默默观察也可以从中了解顾客类型、谈话内容、下单食物、店内停留时间等诸多信息。

我发现 JAGZZ Shot bar 的老板往往一边满口抱怨"今天又没有顾客"，一边百无聊赖地看着电视。到了周末晚上，稀稀拉拉有五六个看起来像老顾客的人陆续到店，点了一两杯鸡尾酒，到他们离店为止与店主全程没有任何交流。

这样的经营情况已到了穷途末路的状态。付不起房租，店主只得靠每月抽出几天时间去做薪资高一点的临时工工作，赚取一点收入实现贴补。说得极端点，这家店已经到了病入膏肓的状态。

这样一家萎靡不振的店铺，我为何答应为它提供咨询服务呢？说起来一开始也是受店主朋友之托。这位朋友是一家食材批发公司的董事，我在给他所在的公司提供咨询服务时与他相识，并一直保持来往。而他与 JAGZZ Shot bar 店主又是多年的老交情，同时也是它们店的供货商，于是他找到我跟我商量，希望我能帮忙想想办法。我们签订的咨询业务合同中还明确说明费用由我这位朋友负担。

最初我完全无法理解他为何会想方设法要挽救这家店铺。几个月之后渐渐有了答案（接下来会详细展开）。

这家店的店主还真的是百无聊赖，大部分时候都在无所事事地玩手机、翻漫画、看电视。

因附近有 JR 的火车站，论地理位置和人流量其实还说得过去，从店里往门口看会发现时不时也有行人朝店内打量。

但恐怕行人往往一看到百无聊赖的店主，就失去了进店的念头。我发现这与受灾地临时餐饮店所表现出来的"弱者愈弱"的现象简直如出一辙。

想要重振一家无能为力、病入膏肓的店，也非一日之功。我首先对他强调了全力以赴的必要性，然而实际情况非常糟糕。

因为店主已失去当初开店的热情，连自己为何开店、想要怎样回馈当地等初衷都抛到了九霄云外。

我之前说过，热情不够就会削弱"全力以赴"的状态，因此我决定从引导店主回归当初的开店热情着手来帮助他。

首先要树立"拼死守卫店铺，将其作为生活的全部依靠"的信念。面临付不起房租的窘境，店主考虑的不该是去外面兼职赚钱，而是把时间花在改善经营上。虽然并非一蹴而就，一段时间后店主终于认识到了全力以赴的重要性。

自此店主好像换了个人一样变得非常奋进。没有顾客时，他会设计、制作新菜单和传单，还会亲自去店门口派发传单。顾客光顾时，他开始意识到要主动与顾客交流。

由此可见，**当意识改变，言语行动也会随时改变**。店主思想上的转变化为了外在行动。他主动工作，积极行动，也正验证了特蕾莎修女的名言。

在我提供咨询指导服务约两个月后，也就是当年的 12 月下旬，这份努力便以惊人的速度带来了有目共睹的成效。

只在周末到店的顾客开始带着熟人在工作日也光顾，此前一般只点一两杯鸡尾酒的六七位老顾客也开始续杯，下酒菜同样以平均每人两碟的速度呈增长之势。

更令人高兴的是，路过店门口的行人在打量过后选择进店光顾的情况也慢慢多了起来。

全力以赴的姿态终将感动顾客，赢得好感。

若顾客没有看到你的全力以赴，那么你的努力将是徒劳

这里需要提醒大家的是做生意并不能眉毛胡子一把抓，不分主次地投入所有精力。

只有按照优先顺序来推进才会取得良好的效果。换言之，**既然已经决定不遗余力地拼一场，那一定要让顾客亲眼看到，这样才能感动顾客**。

但请切记"惺惺作态"的努力只会让人生厌。我们最终的目的是要将努力的态度传达给顾客,感动顾客。不管怎样,如果顾客没有看到你的全力以赴,你的努力将是徒劳的。

这里想给大家介绍的方法是**在容易体现本店态度的方面努力行动**。从我的经验来看,以下几方面可收到意想不到的效果。希望诸位也能在自家店铺试着推广一下。

○**店主亲手**绘制传单。

○**店主亲自在店外**派发传单。

○菜单和店内 POP① 一定要加上**店主的**寄语及评论。

○店内外富有季节感的装饰物**尽量采用自制形式**(比如上面提到的酒吧,店外放了一棵挂满折纸的圣诞树,每个座位上都装饰有一棵用画图纸自制的小型圣诞树)。

○不直接提供市售品,**秉持店铺简单加工的原则。**(上面提到的酒吧不提供市面上轻易能买到的薯条,而是选择将马铃薯削成薄片,在顾客看得到的地方油炸加工)。

○相较于附近其他店铺坚持早开店、晚打烊。(通过调查附近店铺的开店和打烊时间,Shot bar 后来调整了营业时间)。

对顾客来说,上述的行为均能真实地看在眼里,记在心里,不会认为是店家作秀而产生反感情绪。

---

① 指商业销售中的一种店内促销手段,其形式不拘,以摆设在店头的展示物为主,如吊牌、海报、展示架等。它一般具有低价高效的广告效果。

本书开头关于受灾地餐饮店的现状是这样描述的：

对于那些门可罗雀的店铺，只要远远地往店里一瞥，一看店主正在屋内无所事事的发呆，顿时会萌生另觅别家的想法。但如果看到店主正在努力地装饰店铺，或在店外发传单，想法又会有所不同，觉得店主还挺努力的，便想要进去试试。

扪心自问自己是否已经全力以赴？如果答案是否定的，首先就要全力以赴地投入到店铺的每日运营中，并且时刻更新精进你的经营方式。

以"努力永不停息，拼搏永不止步"为口号，先从向顾客传达全力以赴的态度开始，就能逐步打开顾客"支持"的开关。

步骤二 通过"信息公开"和"信息发布"获得信赖

获得顾客信赖的两大要素

要想获得他人支持，第二步需要做到"信息公开"和"信息发布"。近年来，企业社会责任（CSR）① 愈发受到大型餐饮、食品等企业的重视。在合适的场合公开发布合适的信息，加以解释说明后再宣传出去，是企业作为社会一分子应担负的责任。

举个简单的例子，一起食品卫生或食品安全事件突然发生，这时候作为企业应及时公开相关信息，即时让顾客了解实情。

那么，对经营个体餐饮店和从事食品相关工作的人来说，应如何理解企业社会责任呢？大家可以设想一下销售给顾客的食物里混入了不良异物的场景，这种情况下一般应该直接打电话给顾客赔礼道歉，或向社区医务室寻求指导。

———————————

① 企业社会责任（Corporate social responsibility，简称 CSR），是指企业在其商业运作里对其利害关系人应付的责任。企业社会责任的概念是基于商业运作必须符合可持续发展的想法，企业除了考虑自身的财政和经营状况外，也要加入其对社会和自然环境所造成的影响的考量。

但我想表达的并不是社会责任中的"解释说明"责任有多重要，而是想借这个话题告诉大家：

一旦信息在店家主动公开发布前被扩散，那信赖关系在整个社会及周边商圈的居民心中将土崩瓦解。但如果能选择不隐瞒事态，开诚布公地发声，顾客反而会觉得这是一家值得信赖的店。

信息公开、信息发布对于构建与顾客之间的信赖关系至关重要。我在开展咨询指导活动时也经常提到这是构建信赖关系的最佳途径。

愿意公开的信息和不愿公开的信息

一家餐饮店老板每天面对的信息大体分为两类，一类是愿意积极公开的正面信息，另一类是不愿积极公开的信息，例如：

·愿意积极公开的正面信息：采用的是无农药有机蔬菜

·不愿积极公开的信息：使用了喷洒过农药的蔬菜

这里对使用农药的对错问题不作探讨，只讨论餐饮店、食品业从业者是否开诚布公的问题。假设餐饮店真的使用了喷洒过农药的蔬菜，在有顾客问起的时候能否做出诚实回答。

如果这些内心不想积极公开的信息也能如实告知顾客，那顾客一定会觉得这家店、这位店主不会撒谎欺瞒，是值得信赖的店。**而信赖能够快速赢得顾客的支持。**店家希望大力宣传的信息自不必说，**不愿积极公开的信息其实也有价值。**在店铺运营中，这种价值有助于搭建起与顾客之间的信赖桥梁，成为顾客萌生支持店铺的情感催化剂。

JAGZZ Shot bar 就有几处店主一直藏着掖着不愿意开诚布公的信息。其中之一便是店主对酒一知半解这一条。鸡尾酒名称的由来、红酒的产地及品酒知识等这些都是经营一家 Shot bar 理应掌握的知识。

最初店主装作很在行的样子与顾客聊关于酒的话题，但明显表现得非常吃力。店主单凭浅尝辄止的方式从书本上获得零星知识，然后就在顾客面前毫不自知地侃侃而谈。当时我也坐在角落里观察过店主和顾客的交流过程，那位店主前言不搭后语，纰漏百出，看得我都替他捏了一把冷汗。

在我的建议下，店主将正在阅读的酒水相关书籍悉数拿出来，毫不避讳地摆在了柜台旁。

顾客到店后自然而然地随手取出一本，通过交流获知店主也正在阅读这些书籍。此前我再三叮嘱过店主要展示自己真实的样子，于是店主后来变得愿意坦率承认："其实我对酒还不是特别了解，正在通过柜台上这些书籍来学习。"

一般来说顾客会对自己选择就餐的餐饮店抱有较高的期待。比如，会理所当然地认为鱼类批发专业户售卖的肯定是产地直接运过来的鱼，必须超乎寻常的新鲜。而咖喱专卖店售卖的咖喱肯定都是由香料直接加工而成。认为蔬菜专业供销户肯定需要和蔬菜栽培基地签署协议且必须是有机蔬菜等。

站在顾客角度，认为自己好不容易花钱在外面吃一顿，当然不希望跟自己在家里做的差不多，除了对食材有一定要求，还应该是专业厨师掌勺。顾客有这样的心理是可以理解的。

但实际情况是，即使是咖喱专卖店，采用大型厂商售卖的油面酱作为原料也不是什么稀奇的事。

这与顾客的期待大相径庭，顾客期待与现实南辕北辙的情况也确实屡见不鲜。对于顾客的这些期待，餐饮店可以说是非常清楚但又往往无可奈何。而无可奈何这种现实本身也是店家不愿公开的信息之一。

目前的食品造假问题很多源于店家对不想公开的信息进行的隐瞒。为回应顾客期待，明明采用的并非有名产地的牛肉，却堂而皇之地将其标上"采用名产地牛肉"标签。这种事一旦遭到曝光，那顾客对品牌的信任将不复存在。

因此我的建议是开诚布公，告知实情。

作为 JAGZZ Shot bar 的店主，顾客自然认为店主得对酒非常了解。如店主已具备能回应顾客期待的丰富知识那是最好不过的，但如果事实并非如此，而为了回应顾客期待"装模作样"地侃侃而谈，那么一旦露出破绽只会令人大失所望。因此我当即建议店主展示真实的自己。

有意思的是自打采纳我的建议后，顾客更加信任店主了。

有的顾客会特意将自己精心挑选的酒水书籍赠送给店主，有的顾客会主动分享自己掌握的知识。这种顾客不断增多，可以说是店铺从获得顾客信任到获得顾客实质性助力的最好体现。

"不愿公开的信息"关系到顾客的信赖

信息公开与信息发布的区别是什么呢？接下来我将做一个具体的说明。用刚才的 Shot bar 的例子来说，店主将自己正在阅读的书籍悉数摆在柜台旁的行为属于信息公开，店主对顾客开诚布公道出自己对酒不太了解这一事实属于信息发布。

对于那些店家不愿大声宣扬的信息，采用信息公开与信息发布相结合的形式将收获非比寻常的效果。单纯采用信息公开顾客不一定能注意到，这时候还需要自己主动将信息表达出来。反过来说，只是单纯地靠嘴上说自己在学习酒水相关知识（信息发布），拿不出什么根据也很难使人信服。这时候需要在显眼处公开展示相关证据（信息公开）。

大家可以照此方向，看看自己店里是否存在不情愿大声吐露，但可以借此来获取顾客信赖的信息。

下面我将罗列出一般店家不想公开的信息，以供参考。这些信息大多是顾客期待高，但店铺未能做到位或者说未能将其打造成自己的优势的信息。

·食材产地

- 食品添加剂、农药等使用情况

- 厨师烹饪技术、自己开店前的餐饮及烹饪经验

- 店主学历及家庭成员构成

- 饮用水渠道（自来水、无净水处理）

- 调味料供应商及品牌

最后还有一点非常关键，"主动发声"与步骤一里的"全力以赴"可以联系起来。

每天全力以赴地投入到店铺日常经营中必定会有许多新的发现和乐趣。

诸如"才发现朝这个方向下功夫，会诞生更多美味""在这里多花些功夫，顾客能如此高兴啊""都做这么多前期准备工作了，却弄错了预约的日子"等。

将这些日常的发现、遇到的情况记录在博客、SNS 上，或在与顾客交流时作为谈资，必定能进一步加深顾客助力的想法。

因为你记录的这些信息都是努力才有的收获，它们关系到接下来要探讨的步骤——"共鸣"。

所以请一定要毫无保留地将日常生活中的发现和趣闻表达出来。

步骤三 挖掘与顾客的"共鸣"点，并运用到店铺经营活动中

为获取共鸣而主动发声

步骤三是"共鸣"。经过这三大步骤，顾客心里将慢慢建立起"助力"的意识。

所谓共鸣就是对于别人的意见、情感等由衷地表示赞成。作为一家店铺，需要让顾客对店主的意见和行为产生共鸣。

那么，如何找到与对方的共鸣点呢？这在步骤一、二其实已经做过相关探讨，**那就是需要将自己的意见和情感切切实实地传达给顾客。**

举个例子，假设店里发生了顾客弄错预约日期的情况，这时顾客能充分理解店主的为难之处。它针对的是顾客站在店主的角度思考如何处理努力准备的菜肴这样棘手的问题。

如果将这件事情在博客、SNS等社交渠道上写出来，通过含义丰富的文字和表情包，店主的为难之处就能更生动形象地表达出来。

我跟大家分享一个在刚才提到过的 JAGZZ Shot bar 里实际发

生的"弄错年会预约日"的事情吧。

店主接到一位老主顾的电话，说想包场举办年会的第二场聚餐，日期是 12 月 21 日。因是第二场，重点便不在吃饭而在喝酒，所以选择下酒小菜人均 500 日元，鸡尾酒人均 2000 日元无限制任意喝的方式，预约并下单。第一次接到老主顾的大订单，店主欣然应允。

可到了当天，左盼右盼也没有人影，打电话预约的本人也一直联络不上。

凌晨 12 点顾客终于接通了电话。结果却出乎意料，那位顾客说自己当时预约的是 27 日，而店主听成了 21 日[1]，是店主搞错了。

酒水不开，放着到时再用也可以，但下酒小菜就无计可施了。当初如果准备的是混合坚果类的干货就好了，但店主偏偏突然想做烧烤青花鱼，进了很多货，刚好又看到供货商在做特价促销活动，所以不自觉就买多了。

后来事情的发展方向，让人深刻感受到了"支持"所具有的强大力量。

店主当时有写日志的习惯，自然也在日志上分享了这件事，看到店主这条记录的常客们当天深夜陆续来到了店里。那晚我也装作顾客坐在吧台一旁喝酒，对当时的情形印象深刻。

---

① 日语中 1 和 7 的发音很相似，分别为：ichi 和 sichi。

那晚如同事先约好到店里来的一样，顾客都异口同声地说着"给我来条青花鱼"，还开玩笑似的询问店里是否还有米饭和味噌汤，气氛异常活跃。

因为顾客对店铺日志里店主面临的棘手状况产生了共鸣，于是自动开启了"支持"模式。

其次，在与顾客的实际日常交流中，怎样才能引起共鸣呢？归根结底是要将情感传递给顾客，所以首先要做的就是**"毫无保留"地表达自己的喜怒哀乐。**

欣慰或快乐都要通过相应的肢体动作、面部表情体现出来。

比如上面这种情况就可以跟店里的顾客直白地吐露："实际上因为……一下子多出来好多盐烤青花鱼，今晚卖不出去就都浪费了，您能帮忙消化一些吗？"

这里的要点是一定要如实描述目前自己面临的情况，明确表达感到棘手的具体事情。还有一点希望大家注意的是对于"怒"这种情绪，我认为还是不能随随便便就表露出来。看到生气的店主，顾客往往会不知所措。如前所述，支持型顾客绝不会成为店铺成长路上的绊脚石，同样店主也要尽量避免给顾客造成困扰。

获得顾客支持的店主必然也会帮助顾客

最后，我还有一个想说明的观点。第 3 章第 1 节提到了

"固定"和"支持"之间微妙的差异，不知大家是否还有印象。

"固定"表示店铺通过开展顾客激励政策等维系顾客，比如采用别具一格的菜肴、推陈出新的接待模式，以培养固定顾客等。此举由店铺方面掌握着主动权。

与此相对，"支持"所传递的语感不同，即使在门店实施上述策略，也并不代表一定能获得顾客支持。单纯靠 RFM 分析法这种培养固定顾客的一般性策略，是无法顺利切换到顾客支持模式的。

一味地重视"固定顾客"无法引起顾客的共鸣，因为"固定"是单方面的驱动。

"支持"的不同之处在于，它需要先用心体察顾客的反应（言语和动作等），然后才能引发情绪上的共鸣。

"支持"绝不是单方面地将情感强加于他人。

店主也需要对顾客所表达的情感同样感同身受，这才能完成真正的共鸣。共鸣，是一个双向词语。

在此意义上，店主、店员与顾客的交流便显得尤为重要。谈话可以共享彼此的信息，分享各自的情感。双方交流过程中的肢体动作和表情对引发双方的共鸣具有极大的推动作用。

照片 2 是山梨县一家售卖鲷鱼烧和章鱼烧的连锁店的顾客留言本的一部分截图。通常这种顾客留言本最终会沦为涂鸦本，这家连锁店的留言本却真正起到了作用，具有借鉴意义。

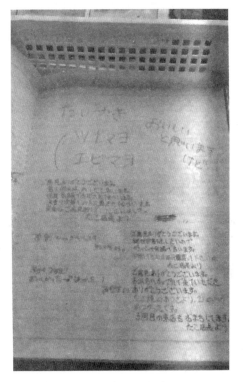

照片 2　顾客留言本

　　店主将它作为与顾客沟通的阵地，非常认真地回复每条留言，顾客自然也不会以涂鸦的心态写评论，而是非常坦诚地表达自己对店铺的建议。

第 5 章

打造顾客支持型餐饮店的七大步骤
获取顾客的实质性助力

步骤四　理解并运用“顾客的普遍心理”

普遍就容易被忽略？我们需要探究人的心理

此步骤将阐述如何获得顾客的实质性助力。经过这一步骤的实施，最终实现顾客到店进而促进就餐和消费。

所谓“普遍心理”，是指平时不会留意、认为太过理所当然而表面上忘记，但只要意识到就会产生同感、共鸣的心理。

我们也可以将其理解为一直埋藏于人类内心的、一种最自然不过的需求。

刚意识到的时候就从心底倏然涌现出来的“就是这样啊”“我也有同感”之类的共鸣性情感，正是所谓的“普遍心理”。

而最重要的一点就是，任何人都可以产生共鸣感。

此心理可简明地概括为如下两类：

·活着就要一直保持健康

·活着就要保护赖以生存的自然环境

换言之就是关注健康和环境。

比如，“走在东京市内看到漂满垃圾的河流时”，您会产生怎样的情感呢？

大多数人都会觉得"这河要是没有垃圾，干干净净该多好啊"。这种情感正是所谓的"就是这样啊""我也有同感"的共鸣性感触，这就是普遍心理。

我走在东京市内时，经常看到垃圾散落在河面上，但一般都是视而不见，不会去仔细观察、详加注意。

但是，如果有人重新强调一下这个场景，我也会自然产生"就是这样啊""我也有同感"这样的情感。

这就可以被称为普遍心理。

接下来请您想象这样一个场景：点了咖喱饭，端上来的却是一盘加了很多甜瓜的咖喱饭。

这时您会怎么想呢？"有意思""好像很难吃""为什么是甜瓜"等，相信不同的顾客想法也会各不相同吧。

这种情感不同于"就是这样啊""我确实有同感"的这种共鸣，不具有普遍性。

美国心理学家亚伯拉罕·哈罗德·马斯洛将人类需求分为下页图所示的五大层次。

·生理需求：维持生存的最低需求。饮食、睡眠、排泄等本能的、根源性需求。

·安全需求：当生理需求得到满足后，追求安全、稳定的生活状态，免受威胁及危险的需求。

·社会需求（爱与归属的需求）：当生理需求和安全需求得
到满足后出现的需求。被社会所需要，不再感到孤独和流放，
感受到爱的需求。

·尊重（认可）需求：想获得他人、集体的尊重和认可，
希望自己比他人优秀的需求。

·自我实现：探索自身具备的能力和可能性，找到并成为
理想中的自己的需求。

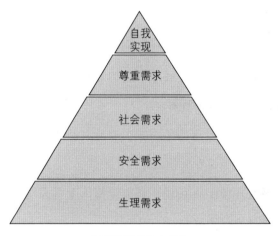

马斯洛需求五大层次

马斯洛倡导重视这些人类需求，他认为人类无时无刻不存
在需求，这些需求便成为行动的动机。

人类需求便如上图所示的阶梯形状一样，下层需求一旦满
足，就想要满足更高一层次的需求。

普遍心理处于马斯洛所定义的生理需求，甚至安全需求的阶

段。也就是说，我们可以将它理解为所有顾客行为的根本动机。

保护自己珍视的身体健康不因食物受到损害，保护祖祖辈辈守护的人类赖以生存的自然环境不受威胁，这些心理都存在于人类的内心世界。

东日本大地震后的核污染等危害人类健康的问题引发了民众的强烈不安。我们从这些事例应该能很容易理解这一点。

理解顾客重视健康的心理

回到正题，实际上，为了在店铺经营方面获得顾客的支持，如何在餐饮店运营中灵活运用顾客的这种心理才好呢？大家可以通过以下场景来加深理解：

·对经常饮酒过量的老顾客，要及时给予提醒和忠告：您已经喝得差不多了，今天就到此为止吧。

·对患有代谢综合征需注意能量摄入量的常客，店铺相应地推荐低热量食材和菜肴。

·对单身的男性常客，为照顾其饮食生活保持均衡，店铺建议他们多食用蔬菜。

也就是说，**店主要关心顾客健康，并且要通过行动表达出来。**

作为一家餐饮店，顾客自己点了什么菜就上什么菜，或向顾客推荐价格相对高的菜肴，没有关心顾客的健康状况，尽管这是一般的经营方式，但我认为这些都是有必要花心思去改善的地方，关心顾客健康也是店家对顾客表达感谢的形式之一。

尽管光顾次数有多寡之别，但顾客一旦选择来店就餐，哪怕一次，我们也承担着照顾其饮食生活的一部分责任。作为一家为顾客提供食物的店铺，不考虑顾客的健康状况虽然可能换来一时的生意兴旺，但若考虑到与顾客关系的长期性维护，这种做法势必造成负面影响。

一旦自家店铺提供的食物损害了顾客身体健康，那顾客持续光顾消费的局面也会随时崩坏。比如，对于习惯过量饮酒的熟客，如果对其喝酒习惯从不给予忠告，那么在不久的将来，这位老顾客的身体状况必会恶化而导致无法再度光顾。

如果能用职业餐饮人的视角来看待这个问题，那就再好不过了。店铺越小，该举措越容易推行，而随着店铺规模的扩大，其贯彻执行的难度就越大。然而，"店主与店铺是一体的"。要成为一家深受该地区居民喜爱的店铺，该举措必不可少。

而顾客又是怎样看待这样的行为的呢？我还是想以 JAGZZ Shot bar 的例子来说明。有一位男性老主顾每到周五都会雷打不动地光顾 JAGZZ Shot bar，无一例外，每次都是差不多喝到酩酊大醉才踉踉跄跄离店回家。店主听从了我的建议后，针对这位 O 先生制定了一个"最多五杯"的规矩，自此以后售卖给他的酒再也不会一次性超过五杯。

刚开始 O 先生还嚷嚷着要"再来一杯"，后来慢慢地他也开始理解店主的心意，开始自发地跟店主道谢后再回家。

这位 O 先生自然内心深处也有着不想嗜酒伤身这一普遍性心理，店主做的只是唤醒它而已。但就是这一简单的举动，让 O 先生**感受到了店主对他的关心**，从而萌生出对店主的感恩之心。

将店铺关怀传递给顾客

规模小的店铺可以通过跟顾客面对面地沟通来表示关切，但随着规模逐步扩大，面对面地传递心意也变得愈发困难，这种情况下便可以采用以下方法（后面将介绍具体的事例）。

·借助菜单、店内张贴的小广告等表达店方对顾客的关切之情（照片 3、4）。提前整理出顾客关注的健康信息，借助菜单和店内小广告向顾客传达店铺心意。

鸡尾酒

冰豆腐 250日元

预防小肚腩，来一碗天然大豆制作的豆腐吧

照片 3　菜单上添加话语，向顾客传递关怀

照片4　在店内张贴的菜单上以小广告的形式传递对顾客的关怀

· 每个桌位配备专属服务员，基于顾客面貌特征或交谈过程中收集的信息，不动声色地推荐合适的菜式。

又如下方的"顾客关怀手册"，专属服务员与顾客交流，了解其当前所关注的健康问题并将其记录在手册上，这种方式在推荐菜式时能起到一定的指导作用。

比如得知顾客最近连续应酬肠胃不适，那么店里就不向其推荐酒水，而是推荐热茶和清淡的食物。通过这种手册式的记录留存，还可以给后续遇到类似顾客的店员在推荐菜式时提供参考，有利于提高服务质量和效率。

顾客关怀手册

服务员姓名：(_____)

今天您负责的桌位号码是：

请将您与顾客交流过程中收集的有关顾客健康的信息记录
在下面空白处：

请您设计有益于顾客健康的菜谱，并将其记录在下面空白处：

面向顾客的《顾客关怀手册》

　　步骤四的关键在于店方要抓住顾客想要保持健康身体的普遍心理，并表示出店铺对顾客的关怀。由此，顾客会感受到店铺的暖心而自然萌发回馈感恩之心，从而进一步促进顾客助力型（特意来店消费）关系的形成。

步骤五 告诉顾客"我们能这样帮助您"

长期热销商品持续受到追捧的原因

如果将本书归类为市场营销类书籍，那么该步骤将变得尤为重要。

我二十来岁的时候，曾在山崎面包和湖池屋等食品企业负责长期热销商品的开发工作，其间公司各位前辈不约而同地教给我一个道理，那就是让商品融入顾客生活。

长期热销商品能长达数十年持续受广大顾客的喜爱。每位顾客都需要它，愿意通过持续购买来支持它，因此它的产品生命才能长期存续。

可以说，顾客持续购买的行为支持着商品生命的存续。

表9　以喜爱 Karamu Cho 薯条的 50 位顾客为对象开展的问卷调查结果
一般什么时候吃？什么时候想吃？（可多选）

喝酒时的下酒菜	43
没有食欲时	41
聚精会神时	30

（续表）

半夜处理繁重工作时	45
代替早餐	19
感到饿时	39
每当想起 HI 婆婆①	33
其他	18

一般社团法人环保食品健康研究会调查结果

比如，湖池屋出品的 Karamu Cho 薯条为长期热销商品之一，它与 HI 婆婆这一产品形象一同长期受到广大顾客的喜爱。虽然很多竞争食品厂商也相继发售过许多款相似的辣味型休闲零食，但它在历经大浪淘沙后仍能岿然不动地稳居深受大众喜爱的食品行列。

从表 9 的调查结果可以看出，Karamu Cho 薯条在顾客生活中扮演着怎样的角色。

人们在喝啤酒时，或在没有食欲等许多情况下都会需要它，显然 Karamu Cho 薯条已经成为人们生活中不可或缺的存在。

从什么角度来看待它是非常重要的。比如，在探讨"没有食欲时"的回答时，很多人会说"不要吃零食去吃饭吧"。可对于那些正受食欲不振问题困扰的人来说，它反而成了救星。

说到这里，我想各位已经可以得出如下因果关系：有感到

---

① HI 婆婆：株式会社湖池屋的零食 Karamu Cho 的形象代言，本名是森田 TOMI。

困扰的事情、需要某样东西→对自己有帮助→成为生活中不可或缺的存在。

通过成为顾客生活中不可或缺的存在来赢得顾客支持

上面的道理放到餐饮店经营中同样适用。如能发掘出顾客困扰的点或所需要的东西，并能提供可解决顾客烦恼的服务，那么店铺必然会慢慢成为顾客生活中一个必不可少的存在，从而获得顾客的助力和支持。

顾客光顾餐饮店的原因多种多样，最常见的一种情况是肚子饿了，除此之外还有很多可能性。

比如炎热的夏天有可能因避暑纳凉而光顾。而像我这种喜欢看足球比赛的阪神队球迷常有回家赶不上直播的烦恼，因此才有了前面说的深受阪神队球迷喜爱的、大家能聚集在一起边喝酒边看球赛直播的站立式居酒屋。

总之，**明确自己的店铺能为本店顾客在解决烦恼方面起到什么样的作用，这在开展店铺经营中尤为重要。**

那么，为了让顾客来店愉快地用餐，实质性助力店铺运营，我们应该如何做呢？

建议主要从以下几点来着手：

· 店铺地理位置（郊外、车站前面、住宅区等）

· 顾客的健康状况（步骤四已探讨过要理解顾客的普遍心

理并表达出来)

・顾客来店方式(汽车、自行车、轻轨、公交车等)

・顾客的兴趣爱好及关心的事情

・顾客属性(家庭成员、年龄、出生地、工作单位等)

您可以参考以上信息,探索自己经营的店铺在解决顾客困扰方面能有哪些着手点。

为顾客"排忧解难"的具体事例

这里给大家介绍一则位于我的事务所所在地——神奈川相模市一家店铺的真实事例。虽说是在神奈川,但实际上是一个非常偏僻的村野之所。

相模地处东京都八王子市和山梨县上野原市交界处,周围坐落着相模湖、道志川,此处丹泽山系环绕,郁郁葱葱,连去往最近的车站也要花费相当长的时间。该地有一家叫作山咲的居酒屋,居酒屋提供酒水,但附近没有代驾。

为解决顾客的后顾之忧,避免发生酒后驾驶的违法行为,该居酒屋提供车辆接送服务。对于那些开着车来但想喝几杯的顾客来说,接送服务可以说是正中下怀。山咲居酒屋经营者关注到顾客的来店方式,提供了实际解决顾客烦恼的接送服务。

JAGZZ　Shot bar 也推出了几项细致周到的服务,这里着重介绍从顾客属性入手获得好评的事例。

自从接受我提供的咨询服务以来,店主开始变得非常努力。

他热情积极地与顾客交流，并牢记顾客家庭成员的相关信息，比如他们家太太的性格、兴趣爱好，家里有几个孩子、孩子几岁等。然后，店主将通过与顾客交流收集到的信息，整理成了一本名为"顾客信息"的笔记本。

由此店主发现到店光顾的几乎所有顾客都存在一个共通的问题，那就是不记得太太的生日及结婚纪念日等，所以一直以来这些顾客也没有在这些纪念日当天做过什么。

于是，店主主动出击找那些老主顾聊天，打听出他们太太的生日等信息。随着生日临近，店主会提前提醒顾客，且会在生日前一周将准备好的带有祝福卡片的干花花束交给他们。

顾客们的反响再好不过。此后店里的顾客都谈论着"妻子收到花束真的非常开心"之类的话题，话题热度一时居高不下。

我和接受过该服务的四位顾客聊起他们的感受时，他们都异口同声地说道："都不知道如何表达谢意了，真的非常感谢！谢谢！"由此可见，店主推行的这项服务实实在在地帮到了顾客。

像这样，经营店铺时可以通过日常服务解决顾客生活中面临的困扰，促使顾客产生感恩的心理。而这种心理又会成为顾客来店的契机，进而构建起稳定的顾客助力（支持）关系。

第 6 章

打造顾客支持型餐饮店的七大步骤
构建持续稳定的顾客助力关系

步骤六 营造充满愉悦感的店铺氛围

提供充满愉悦感的享受空间

接下来，我将介绍为了更好地保持顾客助力（支持）关系需要注意的几个要点。

店铺若想将熟客介绍的顾客拓展为新客源，有几点非常关键。其中，尤为关键的一点是在视觉及顾客体验上营造充满愉悦感的店铺氛围。这一点究竟有多重要，我们可以从以下多个角度来了解一下。

大家知道出现在日本神话《天岩户》传说中的天照大神吗？

故事的内容是：某一天，弟弟素盏鸣尊在他的姐姐——太阳天照大神治理的高天原中惹是生非，天照大神大怒之下躲进天岩户里闭门不出，于是世界陷入一片黑暗。无论众神如何劝说，天照大神均不理会，态度坚决。穷尽各种手段仍然无效后，众神最后决定在天岩户前举办一场热烈的宴会来吸引天照大神。终于，她被外面载歌载舞的欢乐气氛吸引，从天岩户里走出，世界恢复光明。

人类容易被欢乐愉悦的气氛吸引。人们的眼睛、耳朵会不自觉地捕捉并关注能让自己获得愉悦感的东西。连神仙都是这样，那么普通的人也一定不能免俗。

接下来我想谈一下人群易聚集的空间。谈到人群易聚集的空间，大家脑海里会浮现出什么场景呢？

肯定是大型活动、歌星演唱会、主题公园等具有代表性的场景吧。这些地方的共通之处在于，它们都是快乐的，或者是看上去让人感到快乐的地方。

因为只有快乐的地方，人群才会聚集。相反，若此地无聊至极，则无法会聚人群。

基于以上内容，相信大家能够理解**"为了维系支持型顾客，经营店铺时必须注重将本店打造成一个充满愉悦感的空间"**这一点了吧。

"充满愉悦感"具体体现在什么方面

在这里我将通过下面的照片，从关注顾客兴趣点或关注点、寻找顾客共同点、主题公园式呈现等角度来为大家具体介绍什么是"充满愉悦感"的店铺。

无论如何，"充满愉悦感的店铺运营方式"是维系支持型顾客的关键。

照片中介绍的餐饮店呈现的多是店铺的硬件条件，实际上，在店铺的软件方面，也可以不用花费金钱就立刻将店铺的愉悦感营造出来。比如说，我们可以从以下视角来观察。

照片 5　小酒馆的店门口装修让人一眼看去
便知道这里是阪神球迷的乐园①

照片 6　将菜肴用火车模型装盘端送，客席也设计成真实车厢的
坐席样式，让人看一眼就明白这里是火车迷的乐园

———————————

　　①　阪神队的标志是老虎，店门口的装修直截了当地打上了阪神队队标，
让球迷一眼望去即知此处是阪神队聚集地。

照片 7　瞄准"父辈"市场——将"秃发"以幽默调侃的
方式呈现在打折服务的标语中

照片 8　将餐厅墙面全部描绘上童话故事，让顾客在进店的
瞬间就能享受到童话世界的乐趣

● **营造支持型顾客相处融洽的场所**

→经店主介绍相识。

→通过举办活动来促进交流。

→将活动企划委托给支持型顾客。

举办猜谜大赛、唱歌比赛等既简单又能轻易将顾客召集起来的活动。

● **创造氛围让支持型顾客参与到菜单研发中来**

→适当挑选支持型顾客，向其询问意见或建议。

→面向支持型顾客举办试吃大会。

● **设立支持型顾客表彰制度**

→表彰来店频率高的顾客。

→表彰人均消费高的顾客。

→表彰介绍新客多的顾客。

比如在 JAGZZ Shot bar，支持型顾客会在每月的店铺定期休假日举办一次"店主犒劳大会"。大会内容多种多样，一般是切合店主爱好的周末赛马预测会、保龄球大会、人生游戏大会①等。在这些活动中，不只是店主，支持型顾客的真性情也被释放出来。以这些活动为纽带，餐饮店让大家在店里的每一天都

---

① 人生游戏：体验人一生的模拟游戏，即从婴儿出生到离开人世的生老病死，悲欢离合。

能谈兴浓厚，愉悦快乐。

另外，以为光顾店铺频率最高的顾客设立一个专门的表彰日为主题，也可以使支持型顾客欢聚一堂。

此外，位于东京·代官山的一家名为 BEJI COFFE 的主打蔬菜料理的餐饮店，每两个月都会邀请支持型顾客同去与自家店签订了供货协议的农户那里一起体验播种或采摘的乐趣。该店店长表示，这既是为了方便支持型顾客理解店铺对食材的重视，也是为了促进这些支持型顾客相互间的沟通交流，同时也可以进一步开拓自家餐饮店的客源。

步骤七 将"感谢"以可视化的形式表达出来

让"可视化"成为习惯

终于介绍到了最后一个步骤。只有每日对支持自家店铺的顾客实践这一步，才可能从顾客处获取持续性的支持。

我们处于一个顾客需求多样化的时代。谁也不能保证顾客会一直支持自家店铺，持续来店消费。

所以店主必须每日努力维系与顾客的关系以挽留顾客。其中最具代表性的做法是：**将"感谢"以可视化的形式表达出来。**即通过某些经营手段或经营行为让顾客看得到你的"感谢"之情。

这不是单纯地向顾客表示感谢。当然，通过一句"谢谢"来表达感谢之意也是至关重要的，只想不说是无法传达心意的。

可就我的经验来说，或许是因为店主害羞吧，餐饮店的经营规模越小，感谢的心意就越是无法顺利传达给顾客。

大型连锁餐饮店可能是依据指导手册接待顾客的，在结账等时候他们都会说句"谢谢"来表达对顾客的感谢之情。至于是否是真心实意的，就得靠说那句话的员工当时的表情来判断了。

对那些支持本店，前来本店消费的顾客，店铺方面要切实表达感谢之意，并且一定要确保将感谢的情绪传达给对方。现在我将再进一步为大家介绍一下我认为比较好的表达方法，那就是不拘泥于使用什么纸张，在顾客结账时手写几句话交给顾客。我认为写在小票背后就好。如同照片9那样，在小票的空白处深情地写上"某某顾客，**十分感谢您一直以来的支持**"，然后与找零的钱一起交付给顾客。

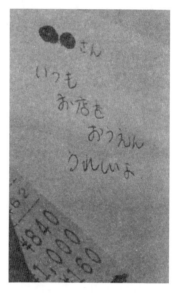

照片9　小票背后的手写内容：
某某先生（小姐），感谢您
一直以来的支持

照片9所示的做法每天都在 JAGZZ Shot bar 发生着。请注意，有一点必须牢牢抓住，那就是"感谢您的支持"这句话。像这样，每天将"感谢"通过手写的方式来表达的习惯一旦养成，将此话脱口而出也就不再那么困难了。

事实上，这家店主也没有说过这句话，他只是养成了这种习惯，把感谢之情一次不漏地传达给了顾客而已。

让顾客认识到自己是支持型顾客

顾客收到店铺人员手写的感谢自己的纸条，自然会涌现出一种"啊，原来我在帮助这家店"的情感。**这种行为会让支持型顾客意识到自己正在助力店铺的经营，同时也让他们感受到支持店铺经营是一件值得自豪的事情**。有了这样的认知，他们必然还会继续选择来店光顾，也会继续支持餐饮店发展。

第 7 章

了解自家店铺的"支持力"
（顾客支持的力度）

1. 从来店顾客中挖掘有可能发展为"支持型顾客"的方法

如何从来店顾客中挖掘出有可能发展成"支持型顾客"的方法呢？其实，所有顾客都有可能。但事实上，在现实生活中又无法实现，因为店主与店员们不可能面面俱到。因此，对于那些通过咨询向我寻求帮助的店主们，我建议他们**一点点地增加支持型顾客的数量**。如果不以取舍的眼光去预测某位顾客能否成为支持型顾客，那么好不容易花费了大量的时间精力很有可能最后都成了无用功。

这里我介绍一下如何能在来店消费的顾客当中甄别出有可能成为支持型顾客的人。

实际上，方法只有三种，这么说毫不为过。

首先就是眼缘。**要找第一眼看上去就觉得"和我们店肯定合得来"的顾客。**大家或许会产生疑虑吧，但确实如此。我们要找的人是能支持我们的顾客，如果是"合不来"的顾客，您觉得长期下去双方能保持持久关系吗？退一步说，即使维持了双方的关系，长久下去，您也会疲累。

所以，这个理由比想象中还要重要。如果店主是一个人经营一家餐饮店，那店主的精力就十分有限，能管理的顾客数量也是有限的。

这就意味着，店主在实际经营中要一边确认自己力所能及的范围，还要在那些来店消费的顾客中一个个地进行甄别、判断合眼缘的人，然后再实施七大步骤，之后才能培养出来一位支持型顾客。而这也是培养支持型顾客的现实路径。在那些"合不来"的顾客身上耗费精力是得不到什么成效的。

下面我将介绍一下在店铺中发掘"合得来"的顾客的方法，请大家也在自己的店铺中尝试一下。

●第一眼看上去就有好感的人

"第一眼看上去就有好感"是因人而异的，它与每位店主的性格及想法有关，并非千篇一律。比如说如果店主热爱赛马，那么他可能会对耳朵上夹根红色铅笔的顾客抱有好感。如果店主的儿子是大学生，那么他可能看到与自己儿子差不多同龄的男性就觉得亲切。此外，诸如爱干净的人、不喜欢男性喜欢女性等，理由全凭店主喜好。

无论如何，什么理由都无所谓，选择自己第一眼看上去就有好感的顾客是甄别"合得来"的顾客的一条捷径。

●就餐举止及饮食习惯符合自己心意的人

这也与每位店主的性格及想法有关。比如说，筷子的使用习惯、桌上某种调味料的使用习惯……很多地方都能透露出顾客常年养成的就餐举止及饮食习惯。

如果是擅长做鱼的餐饮店店主，他可能就喜欢擅长吃烤鱼的顾客，而对不擅长吃烤鱼的顾客可能会产生焦躁情绪。有的店主则认为能将饭菜一粒不剩地全部吃完的顾客、吃饭时会认真地说"感谢神灵恩赐"及"多谢款待"的顾客比较合乎心意。诸如此类。店主肯定会有某一方面的偏好。您可以从自身喜好出发去寻找、选择您抱有好感的顾客。

●趣味相投的人

这也与店主的兴趣爱好相关。例如，如果店主是阪神球迷，那么肯定会觉得与同为阪神球迷的顾客意气相投吧。如果是爱好垂钓的店主，应该会觉得与喜好垂钓的顾客脾性相合。这样的话，店主便会与和自己趣味相投的顾客比较合得来。而我也比较推荐这一点。

说个题外话，我在担任餐饮店及食品企业的顾问时，还在为一家名为 Simple Vege 的企业从事茼蒿的栽培及家庭配送，以及为协议餐饮店批发蔬菜等业务。家庭配送业务及餐饮店业务的顾客中大约三成都是我的支持型顾客。在最初发掘他们的阶段，我与他们都直接见过一面，确认了他们每个人的一些处世态度和想法。

例如，喜欢垂钓的顾客，可能就会询问店主是否喜欢垂钓。认为菜肴美味的顾客，可能就会询问食材从何处购来。

而如果是第一次来到播放着阪神队比赛的餐饮店的顾客，则可能会问店主是否也属于阪神球迷。

像这样，如果顾客主动询问，而且答案与他们的期待一致的话，今后他们愿意与店铺加深联系的可能性就非常高。如果顾客期待店主回答"是，我也是阪神球迷"，而且店主确实也这么承认了的话，那么关于阪神队的比赛，这位顾客必然会有很多话题想与店主交流吧。

您听过"事前期待"这个词吗？这是在餐饮市场中，为了提高顾客满意度而常被关注的一个词。它的意思是"顾客在来店消费时是抱有某种期待的。事前期待就是指顾客期待的事情"。

也就是说，这里的顾客不是那种因为赶时间，抱着不拘泥于沿途哪家店，只要能为自己提供一顿饱饭就可以的想法，偶然发现了一家店后就飞奔进去大快朵颐的顾客，而是抱有某种意图特地进店的顾客。此时顾客的期待会成倍放大。比如希望店主这样做、希望菜肴这般调味等，如果此时超出了顾客的心理预期，顾客就会油然生出一种满足感；如果没有达到顾客的心理预期，他们可能会失望不已。

顾客对餐饮店越关心，就越会确认店铺是否能响应自己的期待。而确认的行为之一就是不断提问。顾客会通过店主对自己问题的回答来判断自己是否会再次光顾。

　　最后要说的第三点，就是我们还可以通过店内问卷调查来发掘支持型顾客。关于这一点，本章将在第 5 节 "从店内问卷调查中了解是否获得支持" 进行具体说明。

2. 从店外挖掘有可能发展为"支持型顾客"的方法

　　店外遇到潜在的"支持型顾客"的场景大致可以分成两种。一种是将店内招牌拎到外面（也包括在店外举办活动、分发传单）的时候，也就是说是店铺的营业时间（工作场合）。另一种场景就是店铺的非营业时间，即节假日、店铺休息日。

　　首先我们来谈一下在工作场合挖掘支持型顾客的方法。在店外举办活动、分发传单，就是向大家加深"我家的餐饮店正在营业"的印象。比如，店铺活动提供某种菜肴、勺子附带店内标志，这些往往都可能催生顾客心中的某种期待。心中有了期待的顾客就可能向店主询问店铺相关的信息，表示出一定的来店意愿。具体来讲，这些信息包括"店铺地址、店铺营业时间及休息日、菜单内容、何种装修风格、店主的兴趣爱好"等。这些前来咨询的人已经成为对店主抱有一定期待的潜在顾客，而前来咨询这一行为，也表示他们对店主及店铺开始予以关注。

　　其次，就是非营业的时间。潜在顾客无法知晓店主是否正处于工作时间。因此，如果店主不主动向他们打招呼，就无法培养出潜在的支持型顾客。比如说，以食物为话题切入点开启与潜在顾客接触的契机就不错。

当然，要避免唐突地与所有人搭话。因为这样会让人觉得很可疑。我的意思是，如果有与人交谈的机会，就可以使用上述策略。尽管这种可能性很小，但也许机会就存在于某次超市购物中，或是餐饮店的某次就餐时间等。

我来讲一个真实的事例吧。我曾在都内的某个居酒屋内与朋友一起吃烧烤，邻座的两位女性顾客与店员发生了下面的对话。

女性："我只知道用茼蒿涮火锅的吃法……"

店员："确实呢。不知是否还有其他的吃法……"

之前也介绍过，我还兼着销往餐饮店的、以茼蒿为主的蔬菜栽培销售业务。一听到这对话，我当即条件反射性地加入了话题，热情兴奋地告诉他们："茼蒿实际上做沙拉最好吃。只需随便切成几段，拌入橄榄油和盐就能做成非常美味的沙拉，其营养价值比起菠菜也毫不逊色……"

那两位女顾客与店员听得颇有兴趣，对话后来发展到他们愿意来我的店里看看。后来，我们果真在菜园旁边的咖啡店见面了。

像这样，了解自家店铺的优势及商品，同时也注意经常捕捉商机的话就有可能经常碰上这种机遇。

像我经常关注茼蒿料理，所以就没有让这样的机遇白白溜走。以对茼蒿的共同兴趣为引线，我当时就抓住了有可能获得潜在支持型顾客的瞬间。

3. 从与顾客的对话中了解是否获得支持

　　自家店是否被顾客支持是可以从与顾客的谈话中大致进行判断的。再者，通过与顾客对话，也可以获取那位顾客是否只是单纯的常客，也就是我之前说的固定顾客。

　　要了解这一点，我们需要确认对话中是否包含下述内容。若有，则几乎可以判断该顾客为支持型顾客。反之，那位顾客即使是常客，也未必是支持型顾客，而可能仅是固定顾客，甚至还可能未到达固定顾客的标准。

●关心店主的身体

　　支持型顾客看到店主全力以赴努力工作的样子，就会在心中生起支持店主的念头。于是，也会自然而然地关心起起早贪黑的店主的身体。他们会关心店主是否注意休息，是否拥有良好的睡眠等。

●关心店主及店铺的难处

　　支持型顾客是助力店铺运营的顾客。所以，如果店铺遇到困难，他们也会积极地帮忙。

　　比如说，他们会关心店铺开展的活动是否有顾客参加，或者食材是否过剩，又或是如果店里很忙是否需要帮助等。

●关心店铺的经营状况

支持型顾客是助力店铺经营的顾客。因此，他们对店铺的经营情况最为关心。于是，他们经常会询问一些诸如"今天店里生意也很好吗""今天店里好像没什么人啊""最近店里的上座率如何"等问题。如果碰上了这种情况，就请尽可能地将真实的处境说出来吧。他们肯定会帮您改善经营状况的。

另一方面，单纯的常客是不会在与店主的交谈中透露出上述关切的。因为他们心里根本没有助力店铺发展的想法。

说得过分些，他们以自我为中心，只关注自己在店铺中受到的优待。比如希望自己的食物分量比邻桌的顾客多一些，希望只有自己能享受店铺的哪怕少许的折扣，希望店主只同自己友好交谈等。

我刚才也说过，越是以所谓 RFM 分析法为代表的获取固定顾客的策略去招揽顾客，店里的顾客群体中这种以自我为中心的顾客越会增加。

通过分析来店频率等信息去优待被判定为"优良"等级的顾客，这种手法就是在用行动告诉顾客"您是本店的特别顾客"。说得极端点，顾客也多会理所当然地认为"我来店消费，所以当然要享受折扣"。

而若对这些曾受过优待的顾客不再提供折扣，那么他们也许会后悔为何这次选择再度光顾，甚至有可能发展到投诉店铺的地步。

如果预算充足，用这种获取固定顾客的策略也不失为打造旺店的一种好方法。可是，多数小规模的个体餐饮店的预算是有限的。

规模越小的餐饮店，就越不应该用这种获取固定顾客的揽客策略。本书介绍的这种增加支持型顾客的方法，在低成本预算下也具有高可行性，实在不失为一种明智的选择。

4. 从顾客的行动中了解是否获得支持

　　自己的店铺是否获得了顾客的支持，也可以从顾客的行动中得知。特蕾莎修女曾说过：思考会变成言辞，言辞会变成行动。

　　我之前提到过我们可以从与顾客的交谈中了解本店是否获得了顾客的支持。用特蕾莎修女的话来解释就是，因为想要支持，所以这种心情都会通过言谈举止透露出来。

　　也就是说，如果顾客出现下述行为，那么我们可以理解为您的店正在受到他们的支持。

●用行动关心店主的身体

　　支持型顾客看到拼尽全力努力的店主，心中会有支持的冲动。因此，他们会关心早出晚归的店主的身体，为店主考虑一些事情，并反映到行动中。比如，如果店里忙，他们会主动化身为店员帮其他顾客点餐，或是帮着收拾餐后的客席桌等。为了让店主能休息哪怕一点点时间，他们也在尽自己的力量帮忙。

●用行动关心店主及店铺的为难之事

　　支持型顾客是会助力店铺经营的顾客，在店铺陷入困境时会积极伸出援手。

比如，餐饮店在举办大型活动时会发愁能否招揽更多顾客，这时支持型顾客可能会呼朋唤友帮忙揽客，食材剩余时，他们会向其他顾客推荐，或者自行点单来帮助消耗多余食材。

●用行动关心店铺的经营状况

支持型顾客是会助力店铺经营的顾客。像我之前说过，他们是最关心店铺经营状况的一群人。如果看到店里顾客寥寥无几，他们可能会带朋友来光顾以帮助店铺增加来店消费者的数量，或是尽量多点些菜以提升一点人均消费额。他们在有意识地用行动支持店铺经营。

5. 从店内问卷调查了解是否获得支持

自己家的店铺是否受到了顾客的支持，也可以从店内的问卷调查获知。

第3、4节介绍的从"与顾客的谈话"及"顾客的行动"中获知自己店铺是否获得支持的方法是一种具有针对性的方法，可以精确了解到具体是哪位顾客在支持本店。

而店内的问卷调查因为是匿名的，所以无法得知具体有哪位顾客在支持本店，但对于了解支持自家店铺的**顾客层的性质**是十分有帮助的。

当然，您也可以在问卷调查中设置一个姓名栏，但是否需要填写就交由顾客选择了。

其实，不管店主或店员多么努力，单靠与顾客谈话及观察顾客的行为，无法在整体上明确把握所有支持型顾客。所以，问卷调查的存在就显得十分必要。支持型顾客当中也会有人因为性格原因，不主动通过谈话和行动来与店主互动。而问卷调查可以说提供了一个与这些顾客建立联系的契机，是一种了解本店支持型顾客的十分必要的方法。

我们再来回头看一下之前提到过的"顾客层的性质"。我这里讲的"顾客层的性质"指的是，顾客中支持型顾客占比多少，非支持型顾客占比多少。究其根本，就是要探求知晓"店里有多少潜在的支持型顾客"，从而推测出店铺的支持力，也就是说被多少顾客支持着。

接下来，我将解说一下在制作问卷调查表时绝对要询问的几个主要问题。我还是想以 JAGZZ Shot bar 为例，这样会更方便大家理解。

●来店频率

这是判断来店消费的顾客到底属于一般顾客、常客，还是支持型顾客的重要指标。您可以在问卷中设置"初次、一年几次、每月至少一次、每周至少一次、不清楚具体来店频率但会定期来、来了几次"等选项。

●参与店铺经营的意愿

支持型顾客与固定顾客不同，他们很乐意参与到店铺的经营活动中。支持型顾客是比较爱管闲事的，所以会不自觉地喜欢在店铺经营问题上发表自己的意见。只要确认顾客有了这样的意愿，就可以向他们询问下述具体问题了。

对本店的饭菜您有什么意见或建议吗？

请问您对店内设施（桌子、洗手间、装饰品）有何意见或建议？

这是为了提高本店服务质量的一项问卷调查，感谢您的大力配合。
如果正面不够写，您也可以写到背面。

■问题1　您多久来一次本店？请在选项上画〇。

初次　一年几次　每月至少一次　每周至少一次

不清楚来店频率但定期会来　来过几次

■问题2　您对本店的饭菜有何意见或建议吗？

■问题3　您对店内的设施（如装饰品、洗手间、桌椅等）有何意见或建议吗？

■问题4　如果有新菜品试尝活动，请问您愿意参加吗？

■问题5　如果本店想举办活动，您愿意参与策划吗？

■问题6　您对店主或店员有什么意见或建议吗？

■问题7　请问今天您点了哪方面的菜肴？

最后，如果方便的话能否告知一下您的姓名和联系方式？当然，不填也完全没问题。这份问卷调查仅仅只用于提升我们的服务质量，不做他用。

JAGZZ 的问卷调查

如果本店有新菜品试尝活动，请问您愿意参加吗？

如果您可以参与本店的活动企划，请问您愿意在您方便的时候参加吗？

请问您对店长（店主）有何意见或建议？

● 当日点餐内容

该栏目内容为询问当天顾客点餐的内容及分量，通过该栏目收集的信息可以判断支持型顾客的性质。

● 顾客的名字及联系方式

设置此项是为了将上一个问题中表达了愿意参加店铺活动企划的顾客筛选出来以方便联络。此时，千万不要忘了一定要写下"是否填写该栏目由顾客自己决定"等类似的注意事项。要注意的是，绝不能勉强顾客。

最后，我还想对问卷调查收集时要注意的要点及问卷调查的分析方法进行说明。

● 来店频率

即使顾客的来店频率不高，哪怕是半年一次、一年一次等，如果这位顾客在这种低频度下仍然坚持来店光顾，从某种意义来说，他很可能不仅仅是固定顾客。请不要按来店频率高低来区别对待来店的顾客。

● 对店铺经营的参与意愿

若顾客助力店铺经营活动，帮助店铺发展运营的意愿越强，就越会写下各种各样的建议和意见。也就是说，他们写的内容越多，就越可以理解为他们将店铺经营看作是自家事情一样来关心店铺发展。

● 当日点餐内容

该栏询问的是顾客当日的点餐内容及点餐分量，对判断支持型顾客的性质大有帮助。我们可以从中获知该顾客"率先点了新菜品""特意点了价格贵的菜品""看到店里忙就点了简单易做的菜品"等。

● 顾客的名字及联系方式

顾客支持店铺的意愿越强，就越会愿意先行在问卷上记录下自己的联系方式。而因为固定顾客优先考虑的是自己，所以除非是遇到领优惠券，或是能享受优惠等情况，否则不会写下自己的姓名与联系方式。

所以，在设置问卷的题目时，一些优惠活动的信息就是多余的，请删掉吧。

此外，**偶尔来店光顾的顾客中，也会有参加意愿偶尔非常强烈的、愿意写下自己的姓名及联络方式的顾客。此时，您也可以将其视为潜在的支持型顾客。**

在此附上 JAGZZ Shot bar 店的问卷调查讨论结果供您参考。

判断结果：非支持型顾客

这是为了提高本店服务质量的一项问卷调查，感谢您的大力配合。

2012 04男，30多岁

如果正面不够写，您也可以写到背面。

■问题1 您多久来一次本店？请在选项上画〇。

初次　一年几次　每月至少一次　每周至少一次

不清楚来店频率但定期会来　来过几次〇

评1：虽不是支持型顾客，但有可能成为固定顾客

■问题2　您对本店的饭菜有何意见或建议吗？

问题2-问题6 评2：没有写任何内容，参与愿望低。

■问题3　您对店内的设施（如装饰品、洗手间、桌椅等）有何意见或建议吗？

■问题4　如果有新菜试尝活动，请问您愿意参加吗？

■问题5　如果本店想举办活动，您愿意参与策划吗？

评1+评2：很难成为支持型客户？

■问题6　您对店主或店员有什么意见或建议吗？

■问题7　请问今天您点了哪方面的菜肴？
　　　　　啤酒　薯片

评3：没有优惠（折扣）就不太想写字的感觉

最后，如果您方便的话能否告知一下您的姓名和联系方式？当然，不填也完全没问题。这份问卷调查仅用于提升我们的服务质量，不做他用。

被判定为"非支持型顾客"的问卷调查（实物）

127

判断结果：支持型顾客

这是为了提高本店服务质量的一项问卷调查，感谢您的大力配合。

如果正面不够写，您也可以写到背面。　　　　　2012 04女，30多岁

评1：来店次数少，但住处太远也是无可奈何

■问题1　您多久来一次本店？请在选项上画〇。

初次　一年几次〇　每月至少一次　每周至少一次

不清楚来店次数但定期会过来　来过几次

■问题2　您对本店的饭菜有何意见或建议吗？
　　　　　比萨中的奶酪加多些，对我这种奶酪爱好者来说就要诸如"奶酪满满的比萨"这种菜单

问题3+问题4 评2：参加的可能性较高

■问题3　您对店内的设施（如装饰品、洗手间、桌椅等）有何意见或建议吗？
　　　　　要是店里的椅子换成靠背椅的话就更不想走了。

■问题4　如果有新菜试尝活动，请问您愿意参加吗？
　　　　　有时间的话想参加。

■问题5　如果本店想举办活动，您愿意参与策划吗？
　　　　　有时间的话想参加。

■问题6　您对店主或店员有什么意见或建议吗？
　　　　　您喜欢喝日本酒吗？
　　　　　下回我带点好喝的酒来。

评3：想跟店主打交道的意愿强

■问题7　请问今天您点了哪方面的菜肴？

评5：点了店主推荐的菜肴！

　　　　　啤酒、红酒两杯、比萨、咸菜、今日推荐（芥末章鱼）

评6：是想与餐饮店进一步接触的体现

最后，如果您方便的话能否告知一下您的姓名和联系方式？当然，不填也完全没问题。这份问卷调查仅用于提升我们的服务质量，不做他用。

　　　埼玉县埼玉市…

问题2～问题6 评4：参加的意愿强

被判定为"支持型顾客"的问卷调查（实物）

128

在本书的第 2 章第 5 节曾提及，顾客数中支持型顾客达到了一定的比例时，那么该店的来店人数及人均消费金额都将上涨。

这家 JAGZZ Shot bar 的支持型顾客构成比例达到了三成的时候，人均消费金额、顾客数都出现了上升趋势。就我的经验来看，其他餐饮店也会遵循这一规律。

支持型顾客的比例与顾客数、
顾客平均消费价格之间的关系

	2013 年 1—3 月	2013 年 4—6 月	2013 年 7—9 月	2013 年 10—12 月	2014 年 1—3 月
支持型顾客构成比	12	16	25	32	31
每月来店顾客数	142	143	141	181	187
每月人均消费金额（日元）	2216	2120	2610	3410	3391
备注		因 7-9 月的夏季饮品需求，人均消费额略有上升，但来店顾客数并无明显变化。		支持型顾客构成比超过 30%的话，因熟客介绍新客等缘故来店顾客数会增加，人均消费金额也会上涨。	

一般社团法人环保食品健康研究会调研

若想了解自家餐饮店的顾客中有多少支持型顾客，请您一定要在店内进行一次问卷调查。

6. 从供货商的交货行为了解是否获得支持

要想了解自家餐饮店是否受到了支持，除了顾客这条途径，您也可以从供货商的供货情况获知。您可以从以下现象判断出自家店铺是否正在受到支持。为了扩大店铺受支持的力度，建议您每日切实履行本书提议的七大步骤。

● **交货时的长时间停留**

一家受供货商信赖的餐饮店会吸引诸多供货商长期合作。

● **对菜单及食材提很多建议**

供货商若支持一家餐饮店，那么他可能会不厌其烦地提很多建议，对店铺营业额的提高做出贡献。

● **操心店铺的经营状况（如进价等）**

供货商若支持一家餐饮店，那么他可能会非常在意该店的经营状况，也会在店铺进货价格上给予便利，尽量使进货价格接近店主的心理价位。

● **特意来店的频率较高**

一家受供货商支持的餐饮店对供货商来说必然是具有吸引力的店，所以供货商会经常造访。

　　供货者为了与店里保持融洽的关系，经常会说"这次会专门给你优惠价"，这并非客套话，特地来店造访的供货商在某种意义上来说可能就是真正的支持型顾客。

　　●会介绍新客

　　对供货商来说，他们想要支持哪位店主就会支持那位店主的餐饮店，所以他们也会经常带朋友以及同事们来店消费。

第 8 章

提升自家店铺的"支持力"
（顾客支持的力度）

1. 提升"支持力"的理由

　　要想自家店铺成为备受支持的餐饮店，在实施 4—6 章中的七大步骤的基础上，还需在经营过程中对其进行反复的确认、修正及维护。也就是说要获取支持型顾客，最重要的就是"七大步骤"。

　　本章可以说是七大步骤的"应用篇"。如果您已经掌握了这七大步骤，那么请按以下的方法开始着手吧。

　　首先一个大的前提就是，要确认我们为什么要提升"支持力"。

　　支持就是助力。这里的要点就是，受助方"能否做到让别人想着主动帮助自己"，而助力方"能否产生想要助力的念头"。

　　有很多人会混淆"支持"与"支援"的意思，其实它们具有不同的性质。"支援"就是援助他人。我想请大家注意"援助"与"支持"的语感是不同的。支援者的本意是"支撑""援助"，因此与"支持"相比其主动意愿较弱，并且与坚持、努力等场景联系紧密。

　　帮助重建经营不顺的个人餐饮店及食品加工店时，我注意到夫妻中的丈夫经常会说"因为一直有妻子在帮忙撑着……"，每当我听到这句话，我就会觉得他的妻子真可怜。

成为支柱的人负担有多重啊。更何况，丈夫还特地一边嘴上说着"妻子在帮忙撑着……"，一边以"你要帮我撑着"的态度将重担强加给妻子。如果我是他们的妻子，早就与他们离婚了。

如果是"支撑"，往往时间越长越觉得麻烦、辛苦。因为这个词中隐含着坚持、忍耐的语义。

支援型的顾客是怎样的呢？请您将自己假设为您店里的顾客吧。因为是自己要支援的店，所以即使不好吃也得说好吃，不是很享受也得说很享受……这对于顾客来说并不是一件乐事。

这里尤其请大家注意，不要对顾客和员工使用"支援"这个词。我们没有必要特地对他们表明"我给你增加负担了"。

那我们再看看"支持"这个词吧。帮不帮忙全凭自己的意愿。因此，它不会强求别人为自己做什么，好吃就是好吃，不好吃就是不好吃，简单明了。

而我们要的就是这样的简单明了，您可以把它理解成为顾客可以没有负担地持续来店光顾。

话说回来，为什么被支持、提高支持力（被支持的力度）是一件非常重要的事情呢？为了更好地分析这一点，我又要举一次 JAGZZ Short bar 的例子了。

把我介绍给这家店做咨询帮助的是一家食材批发公司的职员。而且按合同，向我支付了那次咨询报酬的也是他。

最初，我完全无法理解为什么他会为那家店做到这种程度，直到听说了背后的故事，才骤然领悟到支持的力量。

那位职员的理由是，曾经他进入营业额难以提升的瓶颈期时，是 JAGZZ Short bar 的店主感念他的努力，缩减了另一家供货商的供货量，转而扩大了对他的公司的供货需求，因此才成就了今天的他……

我想，当时的店主肯定是在几家供货商中发现了最认真的他，感念他全力以赴的态度才诞生了支持他的想法。而那份支持也对他在公司内部的成长起到了极大的帮助作用。在今天，它又跨越了时间，以支持 JAGZZ Short bar 的形式回报了当初获得的支持。

这个故事简直太棒了，我至今仍忘不了听到它时的感动。

支持，归根结底就是一种自发性的感情，与"向他人寻求帮助"完全不同，被支持过的感动被人铭记于心后，又会在将来的某个时机回报回去。

在食品超市时常看到的"岁末谢恩大减价""大酬宾"等促销，其本意正是"我（超市）会感恩，不会忘记您一直以来的支持"。

但很遗憾，很多这样的促销活动已经淡化了本意，变成了一种单纯的促销手段。之所以这么说，是因为从他们的活动企划中已经感受不到"我想支持、回报顾客"的情感了。

将这种情况放到餐饮店里来思考一下怎么样？比如说，开店满一周年那天，很多餐饮店会推出某些服务向来店的顾客传达谢意。可是，这些活动真的饱含了"因为想感谢您这一年的支持，所以我也想回报您"的情感吗？怎么想都觉得现在到处都在用店庆作为揽客契机来开展促销。

如果真是这样，那么因为"思想会变成言辞与行动"，这种虚情假意就会传达给顾客，从而给顾客带来不适，甚至有人会干脆选择不进店了。

支持会催生新的支持，而且支持力（被支持的力度）隐藏着巨大的潜力。提高支持力（被支持的力度）就是要构建支持与被支持的循环关系。

2. 通过塑造店主个性提升"支持力"的方法

我说过很多次，要想成为备受支持的餐饮店，店的规模越小，店主的个性（个人形象）就越重要。我们常听人说"磨炼性格很重要"。那么，要想获得别人的支持，怎样磨炼自己的性格比较好呢？

这里我介绍三种方法，请大家灵活运用。做到这三点，可以说对磨炼自己的性格大有裨益。

●坦率

在支持自己的顾客及员工面前，千万不要故作潇洒，也不要虚张声势。因为店主做作的做派会引起他们的不快。

之前提到过，开启支持的开关的前提是店主不虚伪的坦率人品。无论多么艰难，凭借故作潇洒与虚张声势是无法渡过难关的，因此最重要的是**店主要展现出乐观坦率的性格**。

比如说，当来店顾客长期不足、经营形势严峻时，请不要总用"没问题""没事儿"的话来打肿脸充胖子。

支持自己的顾客是会帮助自己的，所以您可以坦率地询问他们："最近顾客减少了很多，请问您有没有好办法呢？""我想策划一次这样的活动，请问您能帮帮我吗?"重点是要表达出自己的乐观!如果用一副悲凉的语气请教，客源会进一步流失的。

自家餐饮店获得支持时，顾客就成了自己的伙伴，成了与餐饮店一起打造充满愉悦感的空间的得力助手。

● 提升专业性

专业性分很多种，我们可以从"对餐饮店来说必须提升的专业性是什么"这一点来着手。

比如说，如果是阪神球迷聚集的居酒屋，就是关于阪神老虎队的详细信息;如果是家庭式的法国料理店，就是关于法式餐点的饮食文化知识等。

如果是关于阪神老虎队，最重要的就是要挖掘主力队员喜好的料理及兴趣爱好、常去光顾的店里的偏好菜肴等各种信息。如果研究了"某队员最喜欢的炸鸡料理"，也许可以将其作为自家店铺的招牌菜也说不定。

而如果是家庭式的法国料理店，在每个特别节日或是每次店内活动中反复宣传"法国的某地区中盛行某料理"等当地信息，就能透露出店铺的专业性。在圣诞节时准备上一份圣诞式家庭套餐也是很不错的选择。

为了达到这样的效果，平常就需要留心捕捉周围的一切信息。有时，顾客也会向自己提供信息（比如，可以向曾在法国生活过的顾客请教某些自己也不会的法式餐点的做法等）。而这些信息对其他顾客来说是令人耳目一新的信息，所以与顾客交换信息是非常重要的。

●关注支持自己的人

这是磨炼店主性格的第三种方法。

支持自己的顾客及努力工作的店员，大家都是人，所以他们会在各种场合泄露出自己的情绪。

比如在工作中碰上了烦心事的顾客来店时可能会沉默不语，有时甚至会与他人发生口角摩擦吧。

如果他是支持型顾客，我们应该铭记他平日对店里的支持，秉持一颗感恩的心，这一次由店里回报他，给予他支持。

说是支持，其实并非一定要说些特别的话，只需要守护着他，如果顾客再说些什么，真诚地倾听即可。然后在心里也只要想着"多谢您一直以来的支持，我也会支持您的"便可以了。

刚才我虽然没有再提特蕾莎修女的名言，但那份情绪无意识间也通过语言和感情传达出来了。

3. 通过店内外的告示板提升"顾客支持力"的方法

我们还可以通过告示板等展示来提升顾客支持力。不管店内店外，发布信息时须注意两点：

①一定要将全力以赴的努力姿态传达出来。

②发布的内容一定是能引起人们共鸣的内容。

店内告示包括菜谱、主推菜单 POP、店内活动信息等。您只需要确认一下那些内容是否能引起人们对全力以赴的姿态的共鸣即可。

比如说拿我经营的 Simple Vege 来说吧。

下页照片中，一份是我创业时写着"今日蔬菜"的货单，另一份是现在已经拥有了支持型顾客的 Simple Vege 的货单。如今，在寄送给顾客的蔬菜中肯定会附带现在的这份写着本次蔬菜相关说明的货单。

这两份货单的区别是一目了然的。现在的这份货单也收到了顾客们"你们真努力啊""真是简单明了的说明"等反馈。

Simple Vege的旧货单
本日蔬菜

未使用农药、化肥、除草剂
本品是固定种①
神奈川县旧藤野町产

中叶茼蒿
宫重总太萝卜
中生小油菜
日本菠菜

注：①固定种：农作物的专业用语。指借由母株的选拔，培育出遗传因子稳定的植株集团。即使自家采种，也不会出现过大的差异，会慢慢地变化形成适合当地风土的种子。再经母株的选拔，可以让形状和早生晚生等性质产生变化。

Simple Vege现在的货单
Simple Vege（公司标志）
Simple Vege家的蔬菜 【评：Who】
本品未使用农药、化肥、除草剂。
本品是固定种（包含一部分在来种）② 【评：How】
在神奈川旧藤野町的大地河川、阳光雨露中播种、生长。栽培期间未曾使用农药、化肥、除草剂，因此可以直接食用。 【评：Where】 【评：Why】

生吃的话能最大限度地体验蔬菜的美味。
此外，带土的蔬菜能最大限度地保证鲜度，因此原则上我们的蔬菜未经清洗。
请尽情享受大自然中森林的泥土芳香及新鲜的蔬菜的香气吧。

【评：When】 **本日蔬菜** 【评：When】
中叶茼蒿 【评：What】
因为7月平均气温基本都是25摄氏度以上，所以枝茎部位较硬（我们已经努力做了防晒措施……）。如果您觉得硬，可以把它做成炒菜，当然，要想获得最佳口感还是将它的叶子做成沙拉最好。

【中叶茼蒿-宫重总太萝卜 评：Why/How】
黑田五寸胡萝卜
因为栽培技术不成熟，所以萝卜并非五寸而只有三寸长。尽管如此，小个头萝卜的味道更浓郁、更美味！它的大小非常适合拿在手中生吃。因为我们没有打农药，所以您也可以拌沙拉吃。

宫重总太萝卜
因为栽培中未使用农药，所以我们的蔬菜是直接带叶出货的。萝卜叶可加入味噌汤里，也可以做成沙拉。萝卜全身都可以做成美味的料理。

注：②在来种：是固定种的一种。经过选拔能适应自然农法的栽培环境的品种，有抗病性佳等优点。

照片10 Simple Vege旧货单与新货单

那么，最重要的"全力以赴的姿态"如何传达呢？我建议大家用"5W-1H"来施行。

"5W-1H"指的是何时（When）、何地（Where）、何人（Who）、何事（What）、为何（Why），以及怎样做（How）这信息六要素。而在篇幅等方面重点突出其中的"为何"（Why）这一要素，才能将店主全力以赴的姿态传达给顾客，因为这是最容易引起共鸣的地方。

上面的货单照片中分别标注了5W-1H的位置，希望能为您提供参考。

店外告示的方法也是一样的。主要是告知餐饮店的活动等内容，发布信息时写清楚5W-1H这六要素，并且在"为何（Why）"这一点上予以重点强调。

照片11为专注栽培在来种蔬菜的项目团队思考的，涵盖从种子到蔬菜现状的"种市"活动策划，而"为何实施"（即实施原因）这一点占据了相当大的篇幅。

顾客对于"为何"产生了共鸣后，就会进一步关注在"何时"发生"何事"。

照片 11　登载有"种市"信息内容的主页

4. 通过店铺主页和 SNS 提升"支持力"的方法

当今这个时代，利用互联网进行的线上信息发布及双向交流比线下更为高效。因为互联网已成为很多人在收集信息时最常用的手段。

我并不擅长制作主页，实际上大约一半的 Simple Vege 的顾客都是通过店铺主页、SNS，特别是 Facebook 来获知信息，再成长为支持型顾客的。

我来分享一下我制作店铺主页的心得。首先，我将主页定位为"固定商品信息展示中心"，展示如照片 12 中所示的信息。这种信息从 Simple Vege 创立以来就基本没有发生过变更。而这些就是店铺经营的基本方针，是构成店铺主页信息的最基本部分。

餐饮店的这种经营"方针"是十分重要的，因为店铺对待入口食物的态度是顾客最为关注的地方。因此，我们有必要将其彰显到最显眼的地方，而店铺主页置顶处就是最合适的位置。

在网上检索"Simple Vege"的话，我的店铺就会出现在搜索页的最上方。

有人这样说过，网络与论文特别相似。论文被引率越高就

照片 12

越有价值，就越容易被更多人发现。同样，在博客或 Facebook 上张贴链接就如同引用了论文一般，在网络世界看来就一下子增长了价值，检索时它们就会出现在页面顶部。

也就是说，链接发布得越多，以店铺主页为重心的"Simple Vege"店的宣传就做得越好。而且，实践着主页所展示的店铺经营方针是一种常态化的努力，要将这些努力向更多人展示的话也需要借助 Facebook 及博客等社交网络服务手段。

那么 SNS（社交网络服务）中我们常用的 Facebook 上有些什么样的信息呢？我们有必要注意要以七大步骤为切入点，也就是，**全力以赴的姿态、信息公开与发布、引发共鸣、顾客的**

普遍心理、成为顾客的助力、营造愉悦气氛，以及表达感谢。

访问 Facebook 的顾客，每个人的"支持力"是不一样的，有时还会出现首次访问的新顾客。因此，在 Facebook 上发布消息时须谨记七大步骤，为将新顾客培养为支持型顾客做好准备。

那么在七大步骤的指导下写的内容到底有哪些具体内容呢？接下来我将介绍一些真实的案例。

Step 1

（全力以赴）记录收获的全过程，向大家展现自己全力以赴的姿态。

 崇尚自然栽培的"Simple Vege"

【祸不单行的发货日】
您的邮购物品正在配送！
我们想对全国的顾客说：大家辛苦啦！
大家请注意哟！

今日有雨，昨日也有雨，而宝宝们冒着这两日的大雨一直在抢收！
虽然穿了雨衣，但仍挡不住雨水的调皮，它们把我们戏弄得全身湿透(¯_¯
哎呀，还不如穿着泳衣去地里打个滚啦！

冷得动不了了！

手也痛，蹲着站起来时的腰也痛，然后装货时在小卡车的车厢上还滑了一跤，磕到了膝盖┳_┳

收了三块地的菜呢。
因为全身湿透所以就开了暖气。然后，车玻璃起雾看不清前面的路了。
……（笑）

于是乎，一路坑坑坎坎地掐着点赶上了Yamato快递。

其实晚上7点是快递的打烊时间，因为我们藤野町是农村呀！

如果赶不上Yamato的冷冻食品专线第二天就无法按时到达啦，何况还要中转津久井……
啊，终于结束了！还没高兴完，再一看今天的运费……

吓我一跳！

（＊_＊
平常的运费只有最高运费额的1/3，这次居然超过了1/2！

不过这也是理所当然的啊，咱家的菜都很饱满大个儿嘛！况且这次也超重了……

照片 13

崇尚自然栽培的"Simple Vege"

芜菁和小松菜（不想公示的信息）毫无隐瞒地公开，提高顾客对自己的信赖感。

不太擅长的芜菁和小松菜，

度过了第一阶段，放心啦！

下个月会再长大一圈吧。

然后，再然后，鱼腥草、薄荷等都开始收获啦！

Step 2
（信息公开及公示）

崇尚自然栽培的"Simple Vege"

"蔬菜日"之后下单的亲：
感谢大家拨冗前来8月31日"蔬菜日"举办的"农FUTURE"活动。事实上，在那之后订单与咨询呈现出一种几乎可称之为异常的（笑）爆发式增长。

可是Simple Vege在主页的《蔬菜的种类及销售》（如下）中只提供了极少数的商品。

http://simple-vege.jimdo.com

因此，很遗憾，目前很难保证8月31日后下订单的，或是有下单意向的亲们一定能够全年都订购到小店的商品。

难得大家这么关心厚爱小店，所以小店也想请大家品尝一次自家的蔬菜。因此小店决定，向垂询的亲们介绍现在的收获量及秋冬的工作情况，以及种植计划。

现在是9月2日12点，请允许我们将新下单和咨询的截止时间定为这个时间点。

非常抱歉。

我们会按顺序回复您的疑问，多谢您的耐心等待。此外，收到了作为当日赠品发放的订单卡的3位亲们优先。

感谢惠顾。

PS：8月31日以前订购的亲们，感谢您的支持，您的商品不受任何影响。丹波中纳言红小豆（生豆）的邮购现在接受订单。

Step 3
（共鸣）以订单的形式向垂询的顾客展示全力应对的姿态，并且同时向支持型顾客们传达店方的珍视与感谢。

照片 14

149

Step 4
（顾客的普遍心理）
告诉大家平常容易被丢弃的
东西实际上是可以食用的，
以此促进顾客购买欲。

 崇尚自然栽培的"Simple Vege"

平常被丢弃的部分也可以食用（6）

大家收到的芋头是子芋，一般长在茎秆下的大芋头（母芋）周围。母芋不售卖，很多农民认为它不具有商品价值而将其丢弃。但是，母芋是可以食用的！

去掉涩味后可煮可烧烤，味道极佳！

 崇尚自然栽培的"Simple Vege"

又到了茼蒿的季节啦（笑）！

可以吃火锅啦！

Step 5
（能帮助顾客的事）
告诉大家火锅的标配食材——
—茼蒿，能够上市了。

照片 15

崇尚自然栽培的 "Simple Vege"

芜菁☒

Beautiful☒

By 英语父亲　风

Step 6

（愉悦的气氛）
将芜菁的生长状态以欢快
搞怪的方式呈现。

 崇尚自然栽培的 "Simple Vege"

收获了最令人开心的赞美

"茼蒿真美味"

这是前几天在"team 神奈川"接受采访时收到的"FM yokohama"标签卡上
写着的一句话。

总是支持着 Simple Vege 的所有亲们，

太感谢你们了☒

Step 7

（感谢）
感谢大家平日的支持。这种感
激之情一定要表达出来。

照片 16

151

将上述内容上传后，评论栏及私信中便收到了支持力度不同的各种回复。比如，在那条"感谢"的动态下就出现了如下的一些互动。

谢谢你们一直提供那么好吃的蔬菜W
真好！·回复·9 分钟前   ☆

崇尚自然栽培的"Simple Vege"
感谢您上传了那么多精美的料理照片♪
为我们的封装和收获工作提供了参考♪
真好！·回复·赞 1·上传者：久保正英·7 分钟前

如果你们需要我拍的料理的照片，或是有其他的需要都可以跟我联系 W

真好！·回复·6 分钟前   ☆

崇尚自然栽培的"Simple Vege"
感谢您一直以来的支持♪
取消 真好！·回复·赞 1·上传者：久保正英·5 分钟前

想吃一次茼蒿！
取消 真好！·回复·赞 1·3 分钟前·已编辑

崇尚自然栽培的"Simple Vege"
请您务必品尝一次♪
真好！·回复·赞 1·上传者：久保正英·大约 1 分钟前

照片 17

加了☆印的是支持型顾客，其余的是还未成长为支持型顾客的顾客。

请大家注意一下加了☆印的顾客给我回复的内容。他们对我表达了更加强烈的支持意愿，这实在是令人开心的一件事。

　　在回复评论时要注意区分支持型与非支持型顾客，这点很重要。此时再按照下列内容回复的话，你会在顾客们的再回复中发现支持型顾客会越来越支持自己，而非支持型顾客也萌生了支持的意愿。

●对支持型顾客的回复

　　要表达自己感受到了他们的支持，然后以具体事例来进行回复。这样做的话，也能让支持型顾客认识到原来他/她自己的行为就属于支持性行为。而在此基础上继续展开的互动中，支持型顾客就越发表现出支持的意愿来。

●对还未成长为支持型顾客的回复

　　为了获得顾客的支持，重要的是懂得向他们展现自己正在全力以赴的姿态，引发他人的共鸣感。然后再说明自己为什么发这条动态，并介绍发布动态想解决的具体问题。注意不要回复在评论栏这种公开的地方，要用私信等功能进行针对性回复。

　　请大家再返回去看一下照片 17 的回复内容，相信大家就能更好地理解店方想要传达的意图了。而且，这个案例中对非支持型顾客是用私信进行一对一的回复。通过这样的直接接触，顾客能直观了解到 Simple Vege 是秉持着怎样的理念来培育茼蒿的。同时，这种方法也能为我们培养新顾客。

5. 通过对附近商圈居民施加影响提升"支持力"的方法

越是小规模的餐饮店和食品企业，越需要当地居民的支持。为此，请牢记除了要在店内下功夫，店外的经营努力也非常重要。

比如当地一般会有防灾训练，这时假设您的店有机会负责提供饭食，那么平日里您的店铺就主动积极参加那种防灾训练如何？

想必"某餐饮店的某做出来的饭菜太好吃了""某餐饮店总是为当地着想，真令人欣慰"等，当地民众也会像这样感受到温暖吧。

但是如果是自家孩子的小学举办运动会，又或是在碰上孩子同学的家长时却一副爱理不理的态度又会怎样呢？

想必有人就会觉得"感觉某餐饮店很不好……"，有时这种评价甚至还可能会在居民中暗暗相传，最终导致自己失去当地的信赖。

还有，如果您店里送货的车种杂乱不堪，那么也就不能怪别人认为您的店里做不好 5S 了。

我常说"餐饮店应当与当地共存共荣"，为此自家店铺必须与当地积极接触。

店铺越小，"餐饮店与店主是一体的"这种认知就越易凸显。因此，如果店主不对当地积极做贡献，那么就不可能获得当地的支持。

说得极端一点，您的日常行为举止都会被当地居民关注着，平常生活时请保持一点警醒。如果做到了这些，那么被您的店铺引发了共鸣的当地居民们在外就餐时，也会开始将您的餐饮店列为备选吧。

6. 提升供货商 "支持力" 的方法

要提升供货商的 "支持力"，重点在于要让自家店铺与供货商开展良好的分工协作。

请一定谨记不要认为即使对供货商傲慢无礼，别人也依然会给自己供货。

生意兴隆的餐饮店店主中有一些人对待供货商如同对待奴隶一般颐指气使。"就放那!" "你迟到了!" "一点都不新鲜!" 这种店主怒气冲冲发着火的场景我时常碰到。

这样的话，供货商心中恐怕会萌生逆反心理。

我也曾经做过供货商，所以是比较能理解的。若遭受了傲慢的对待，那今后对交货的食材鲜度就不再上心，也不会向店主推荐好的信息（实际上我当时还没做到那一步……），最终损害的是店里的利益。

因此，为让您的店铺生意兴隆，请将供货商看作与您同等的、协助您经营店铺的伙伴吧。带着这种想法，您的用词就再也不会让人觉得颐指气使，您自己也不容易再生气了吧。

然后，我相信您也一定会与供货商一起携手共进，共创佳话。而一旦确立了这种良好的关系，势必就像我之前提到的那样，供货商会变得唠叨多话，而且会为您店铺的顺利运营想尽办法出谋划策。

特别是当供货商犯了一些错误时（供货迟、供货商品出错等），请在当时与他一起就事论事地商量对策、共同克服难关，然后另寻时间来一场一起分析原委、谋求改善的对话吧。

此时越是应对稳妥，就越能提升供货商的"支持力"。

结束语

本书介绍的"顾客支持型经营"是第 1 章中提到过的赢取幸福的根本经营方法。与顾客相互支持，与员工相互支持，与供货商相互支持，最终实现店铺生意兴隆。"顾客支持型经营"是构建这种良好循环的捷径。

乍一看，这好像与提高营业额，实现生意兴隆的目标相去甚远。然而我认为相互支持的、让所有人都感到幸福的经营才是提高营业额、实现生意兴隆的捷径。

"没人做出牺牲，相互扶植、所有人都能获得幸福"（阿尔·凯切诺的主厨奥田政行）。这是我最喜欢的一句话。所谓的"备受支持的生意兴隆的餐饮店"，是让所有相关人员都能相互支持的餐饮店的终极成长状态。

最后，对为我提供了向大家分享"支持的重要性"这一机会的同文馆出版社股份有限公司总编辑、给予本书大量帮助的石川优熏先生，以及召开了冈山出版会议的赤松范胤先生等众多伙伴们致以诚挚的谢意。十分感谢！

久保正英

"服务的细节" 系列

《卖得好的陈列》：日本"卖场设计第一人"永岛幸夫

定价：26.00 元

《为何顾客会在店里生气》：家电卖场销售人员必读

定价：26.00 元

《完全餐饮店》：一本旨在长期适用的餐饮店经营实务书

定价：32.00 元

《完全商品陈列 115 例》：畅销的陈列就是将消费心理可视化

定价：30.00 元

《让顾客爱上店铺 1——东急手创馆》：零售业的非一般热销秘诀

定价：29.00 元

《如何让顾客的不满产生利润》：重印 25 次之多的服务学经典著作

定价：29.00 元

《新川服务圣经——餐饮店员工必学的 52 条待客之道》：日本"服务之神"新川义弘亲授服务论

定价：23.00 元

《让顾客爱上店铺 2——三宅一生》：日本最著名奢侈品品牌、时尚设计与商业活动完美平衡的典范

定价：28.00 元

《摸过顾客的脚才能卖对鞋》：你所不知道的服务技巧，鞋子卖场销售的第一本书

定价：22.00 元

《繁荣店的问卷调查术》：成就服务业旺铺的问卷调查术

定价：26.00 元

《菜鸟餐饮店 30 天繁荣记》：帮助无数经营不善的店铺起死回生的日本餐饮第一顾问

定价：28.00 元

《最勾引顾客的招牌》：成功的招牌是最好的营销，好招牌分分钟替你召顾客！

定价：36.00 元

《会切西红柿，就能做餐饮》：没有比餐饮更好做的卖卖！ 饭店经营的"用户体验学"。

定价：28.00 元

《制造型零售业——7-ELEVEn 的服务升级》：看日本人如何将美国人经营破产的便利店打造为全球连锁便利店 NO.1！

定价：38.00 元

《店铺防盗》：7大步骤消灭外盗，11种方法杜绝内盗，最强大店铺防盗书！

定价：28.00元

《中小企业自媒体集客术》：教你玩转拉动型销售的7大自媒体集客工具，让顾客主动找上门!

定价：36.00元

《敢挑选顾客的店铺才能赚钱》：日本店铺招牌设计第一人亲授打造各行业旺铺的真实成功案例

定价：32.00元

《餐饮店投诉应对术》：日本23家顶级餐饮集团投诉应对标准手册，迄今为止最全面最权威最专业的餐饮业投诉应对书。

定价：28.00元

《大数据时代的社区小店》：大数据的小店实践先驱者、海尔电器的日本教练传授小店经营的数据之道

定价：28.00元

《线下体验店》：日本"体验式销售法"第一人教你如何赋予O2O最完美的着地!

定价：32.00元

《医患纠纷解决术》：日本医疗服务第一指导书，医院管理层、医疗一线人员必读书！ 医护专业入职必备！
定价：38.00 元

《迪士尼店长心法》：让迪士尼主题乐园里的餐饮店、零售店、酒店的服务成为公认第一的，不是硬件设施，而是店长的思维方式。
定价：28.00 元

《女装经营圣经》：上市一周就登上日本亚马逊畅销榜的女装成功经营学，中文版本终于面世！
定价：36.00 元

《医师接诊艺术》：2 秒速读患者表情，快速建立新赖关系！ 日本国宝级医生日野原重明先生重磅推荐！
定价：36.00 元

《超人气餐饮店促销大全》：图解型最完全实战型促销书，200 个历经检验的餐饮店促销成功案例，全方位深挖能让顾客进店的每一个突破点！
定价：46.80 元

《服务的初心》：服务的对象十人百样，服务的方式千变万化，唯有，初心不改！
定价：39.80 元

《最强导购成交术》：解决导购员最头疼的 55 个问题，快速提升成交率！
定价：36.00 元

《帝国酒店——恰到好处的服务》：日本第一国宾馆的 5 秒钟魅力神话，据说每一位客人都想再来一次！
定价：33.00 元

《餐饮店长如何带队伍》：解决餐饮店长头疼的问题——员工力！ 让团队帮你去赚钱！
定价：36.00 元

《漫画餐饮店经营》：老板、店长、厨师必须直面的 25 个营业额下降、顾客流失的场景
定价：36.00 元

《店铺服务体验师报告》：揭发你习以为常的待客漏洞 深挖你见怪不怪的服务死角 50 个客户极致体验法则
定价：38.00 元

《餐饮店超低风险运营策略》：致餐饮业有志创业者 & 计划扩大规模的经营者 & 与低迷经营苦战的管理者的最强支援书
定价：42.00 元

《零售现场力》：全世界销售额第一名的三越伊势丹董事长经营思想之集大成，不仅仅是零售业，对整个服务业来说，现场力都是第一要素。

定价：38.00 元

《别人家的店为什么卖得好》：畅销商品、人气旺铺的销售秘密到底在哪里？ 到底应该怎么学？ 人人都能玩得转的超简明 MBA

定价：38.00 元

《顶级销售员做单训练》：世界超级销售员亲述做单心得，亲手培养出数千名优秀销售员！ 日文原版自出版后每月加印 3 次，销售人员做单必备。

定价：38.00 元

《店长手绘 POP 引流术》：专治"顾客门前走，就是不进门"，让你顾客盈门、营业额不断上涨的 POP 引流术！

定价：39.80 元

《不懂大数据，怎么做餐饮？》：餐饮店倒闭的最大原因就是"讨厌数据的糊涂账"经营模式。

定价：38.00 元

《零售店长就该这么干》：电商时代的实体店长自我变革。

定价：38.00 元

《生鲜超市工作手册蔬果篇》：海量图解日本生鲜超市先进管理技能

定价：38.00 元

《生鲜超市工作手册肉禽篇》：海量图解日本生鲜超市先进管理技能

定价：38.00 元

《生鲜超市工作手册水产篇》：海量图解日本生鲜超市先进管理技能

定价：38.00 元

《生鲜超市工作手册日配篇》：海量图解日本生鲜超市先进管理技能

定价：38.00 元

《生鲜超市工作手册副食调料篇》：海量图解日本生鲜超市先进管理技能

定价：48.00 元

《生鲜超市工作手册 POP 篇》：海量图解日本生鲜超市先进管理技能

定价：38.00 元

《日本新干线 7 分钟清扫奇迹》：我们的商品不是清扫，而是"旅途的回忆"

定价：39.80 元

《像顾客一样思考》：不懂你，又怎样搞定你?

定价：38.00 元

《好服务是设计出来的》：设计，是对服务的思考

定价：38.00 元

《让头回客成为回头客》：回头客才是企业持续盈利的基石

定价：38.00 元

《餐饮连锁这样做》：日本餐饮连锁店经营指导第一人

定价：39.00 元

《养老院长的 12 堂管理辅导课》：90%的养老院长管理烦恼在这里都能找到答案

定价：39.80 元

《大数据时代的医疗革命》：不放过每一个数据，不轻视每一个偶然

定价：38.00 元

《如何战胜竞争店》：在众多同类型店铺中脱颖而出

定价：38.00 元

《这样打造一流卖场》：能让顾客快乐购物的才是一流卖场

定价：38.00 元

《店长促销烦恼急救箱》：经营者、店长、店员都必读的"经营学问书"

定价：38.00 元

《餐饮店爆品打造与集客法则》：迅速提高营业额的"五感菜品"与"集客步骤"
定价：58.00 元

《赚钱美发店的经营学问》：一本书全方位掌握一流美发店经营知识
定价：52.00 元

《新零售全渠道战略》：让顾客认识到"这家店真好，可以随时随地下单、取货"
定价：48.00 元

《良医有道：成为好医生的 100 个指路牌》：做医生，走经由"救治和帮助别人而使自己圆满"的道路
定价：58.00 元

《口腔诊所经营 88 法则》：引领数百家口腔诊所走向成功的日本口腔经营之神的策略
定价：45.00 元

《来自 2 万名店长的餐饮投诉应对术》：如何搞定世界上最挑剔的顾客
定价：48.00 元

《超市经营数据分析、管理指南》：来自日本的超市精细化管理实操读本
定价：60.00 元

《超市管理者现场工作指南》：来自日本的超市精细化管理实操读本
定价：60.00 元

《超市投诉现场应对指南》： 来自日
本的超市精细化管理实操读本

定价： 60.00 元

《超市现场陈列与展示指南》

定价： 60.00 元

《向日本超市店长学习合法经营
之道》

定价： 78.00 元

《让食品网店销售额增加 10 倍的
技巧》

定价： 68.00 元

《让顾客不请自来！ 卖场打造 84
法则》

定价： 68.00 元

《有趣就畅销！ 商品陈列 99 法则》

定价： 68.00 元

《成为区域旺店第一步——竞争店
调查》

定价： 68.00 元

《餐饮店如何打造获利菜单》

定价： 68.00 元

《日本家具 & 家居零售巨头 NITORI 的成功五原则》
定价： 58.00 元

《咖啡店卖的并不是咖啡》
定价： 68.00 元

《革新餐饮业态： 胡椒厨房创始人的突破之道》
定价： 58.00 元

《餐饮店简单改换门面， 就能增加新顾客》
定价： 68.00 元

《让 POP 会讲故事， 商品就能卖得好》
定价： 68.00 元

《经营自有品牌： 来自欧美市场的实践与调查》
定价： 78.00 元

《卖场数据化经营》
定价： 58.00 元

《超市店长工作术》
定价： 58.00 元

《习惯购买的力量》

定价： 68.00 元

《7-ELEVEn 的订货力》

定价： 58.00 元

《与零售巨头亚马逊共生》

定价： 58.00 元

《下一代零售连锁的 7 个经营思路》

定价： 68.00 元

《唤起感动： 丽思卡尔顿酒店"不可思议" 的服务》

定价： 58.00 元

《7-ELEVEn 物流秘籍》

定价： 68.00 元

《价格坚挺， 精品超市的经营秘诀》

定价： 58.00 元

《超市转型： 做顾客的饮食生活规划师》

定价： 68.00 元

《连锁店商品开发》

定价： 68.00 元

《顾客爱吃才畅销》

定价： 58.00 元

《便利店差异化经营——罗森》

定价： 68.00 元

更多本系列精品图书，敬请期待！